우즈베키스탄 고려인의 이주와 삶

우즈베키스탄 고려인의
이주와 삶

김균태 · 강현모

글누림

이 글을 쓰면서

　중앙아시아 우즈베키스탄에 강제 이주되어 살고 있는 고려인들의 설화와 민요 그리고 민속 관련 자료를 조사하기 위해서 우리는 세 차례에 걸쳐 이 지역을 답사했다. 1차는 2009년 4월 20일부터 4월 25일까지 타쉬켄트와 그 인근지역인 고려인 협동농장에 살고 있는 고려인들을 대상으로 조사하였다. 2차는 2009년 7월 8일부터 7월 14일에 걸쳐 1차 답사와 동일 지역을 조사했다. 그리고 3차는 2013년 2월 19일부터 2월 26일까지 타쉬켄트 인근지역과 오리시즈(나만간 시, 안디잔 시, 페르가나 시) 지역을 조사했다.

　이 조사 중에 만났던 고려인들을 통해 러시아 원동에서의 삶과 중앙아시아 지역으로 강제 이주하게 된 과정 그리고 지금까지의 살아온 역경 등 그들의 생애에 관한 이야기를 들었다. 이를 제보해준 고려인들은 어렸을 적에 자신이 체험한 것을 비롯하여 할아버지나 아버지에게 들었던 것들을 우리에게 들려준 것이다. 이들 중에 연로한 분들은 자신들의 어린 시절 체험들을 생생하게 기억하고 있어서 이들의 이야기를 듣는 우리들을 150년 전으로 돌아가게 하기도 했다. 물론 이들은 한국말이 서툴렀기 때문에 우리들이 이해하기 어려울 때도 없지 않았으나, 다행히 동행했던 통역인들이 한국어와 러시아 말을 잘 구사해서 많은 도움을 받았다.

여기서 소개하려고 한 제보자들의 증언은 원동에서의 삶부터 이주 후 우즈베키스탄에 정착하기까지 그들이 들려준 이야기들이다. 그동안 국내에 소개된 유사한 내용들이 저마다의 필자들에 의해서 정리된 것이라면, 여기에 소개된 내용은 그들이 직접 구술해 준 이야기들을 거의 그대로 옮긴 것이므로 생생한 증언록이라고 할 수 있다. 그리고 이 책에는 그들의 생생한 증언만이 아니라 고려인 화가 안일의 사실화와 현지조사를 한 우리들이 찍은 사진 자료들을 함께 실어 시각적으로 이해할 수 있게 하였다.

따라서 여기 소개한 그림은 모두 안일 화가의 것이며, 사진은 몇 장을 제외하면 거의 대부분 현지조사를 한 우리 팀이 직접 찍은 것들이다. 그리고 여기서 밝혀 두지만, 이 책에 서술된 고려인들의 진술 내용은 독자들의 독서가 가능하도록 현대어로 윤문했을 뿐 필자가 제멋대로 가필하지는 않았다. 또한 이 책에 동일 제보자와 제보 장소가 반복적으로 나타나는 것은 제보자들의 이야기를 글의 체제에 맞춰서 편집하여 인용하였기 때문이다. 그리고 제시된 제보자들의 나이는 조사 당시의 나이임도 밝혀 둔다.

우리가 현지조사 자료들을 정리하는 데 많은 시간을 소비하다 보니 출판 시기를 놓친 감이 없지 않다. 그런데도 글누림출판사에서는 우리의 현지조사 노력을 귀히 여기고, 또 고려인들의 삶에 대한 생생한 증언을 그대로 묵혀 버릴 수 없다 하여, 어려운 출판 여건 속에서도 흔쾌히 허락해 준 최종숙 사장님과 본문은 물론이고, 사진과 그림 등을 하나하나 편집하느라 수고한 이태곤 편집장님께도 이 자리를 빌어서 진심으로 감사를 드린다.

2015년 2월
김균태·강현모

두만강을 건너는 조선인들 / 화가 안일

차 례

제 1 장

원동에서 중앙아시아로

원동에서 중앙아시아로

1. 원동에서 고려인의 삶

고려인들은 1863년에 지배계급의 수탈을 피해 한반도에서 두만강을 건너 러시아 원동(연해주)으로 이주했는데 2014년은 이주 150주년이 되는 해이다. 일제강점기에는 일본의 식민정책을 견디지 못해 그곳으로 이주했다. 그러나 이들 중에는 단순히 가족의 삶을 위해서 이주한 것이 아니고, 조국의 독립운동을 위해서 투쟁하려고 이주한 애국지사들도 있었다. 이렇게 러시아 원동으로 옮겨온 고려 이주민들은 그곳 환경에 어느 정도 적응하면서 정착하였다. 그러다가 1937년에 소비에트연방의 최고지도자인 스탈린과 몰로토프가 연해주지역 고려인들에 대한 새로운 이주정책을 내놓고 이들을 중앙아시아 지역으로 강제로 이주시켰다.

고려인들의 강제이주에 대해서는 구소련 국립중앙문서보관소에서

공개한 극비문서가 이미 번역되어 소개된 바 있는데『스딸린 체제의
한인 강제이주』[1]와『러시아 한인 강제이주사』[2], 『소비에트 한인 백
년사』[3] 등이 그것이다.

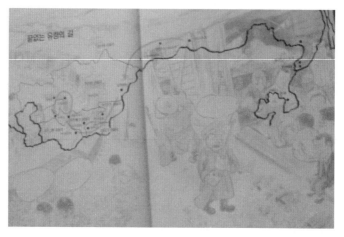

고려인 이주 행로

제정러시아가 한반도와 국경을 접하게 된 것은 1860년 11월 청나
라와 북경조약을 맺고 연해주지역을 러시아 국토로 편입하게 되면서
부터이다. 이 국경지대에는 꽤 오래 전부터 조선인들이 거주하였던 것
으로 보인다. 당시 조선인들이 이 지역에 나타나기 시작한 것을, 『세
계의 한민족』[4]에서는 러시아 측의 기록에 근거하여 1857년부터라고

1) 리 블라지미르 표도로비치(우효) 외 1인, 『스탈린 체제의 한인 강제이주』, 김명호 역,
   건국대학교 출판부, 1994.
2) 블라지미르 김, 『러시아 한인 강제 이주사』, 김현택 역, 경당, 2000.
3) 서대숙 편, 『소비에트 한인 백년사』, 태암, 1989.

했다. 지금의 핫산 지역은 북조선, 중국, 러시아 3개국의 국경이 접한 곳이다. 이곳은 북조선의 조산(造山) 아래에 있는 산이라 하여 하산(下山)이라고 불렀는데 이것을 러시아 말로 핫산이라고 했다. 아마도 당시 조선인들은 이곳을 통해서 러시아로 이주했던 것으로 보인다. 독립운동가였던 최재형 선생이 유년기에 가출한 뒤에 여기저기 다니다가 실신한 상태로 발견된 곳이 핫산에서 멀지 않은 크라스키노 지역에 있는 포세이트 항(港)이었다고 한다. 이것을 보면 이 지역이 고려인들의 이주 경로였을 것으로 추정되기도 한다.

크라스키노의 포세이트 항

4) 권희영, 『세계의 한민족』 통일원, 1996. (강만길, 『회상의 열차를 타고』, 한길사, 1999. 51쪽에서 재인용.)

두만강을 건너는 조선인들

그러나 러시아 당국의 정식 허가를 얻은 고려인들이 연해주에 정착하게 된 것은 1863년으로, 그해 11월에 약 20가구가 두만강을 건너 티진혜 강 부근에 살게 되면서부터라고 전해진다. 그 이듬해인 1864년에는 14가구 65명의 고려인이 8개의 초막을 짓고 살았다. 이곳이 1865년에 레자노브 마을로 명명되었다고 한다. 러시아 국경 근처 도시인 크라스키노에서 좀 떨어진 프리모스크에는 신한촌(新韓村)인 지신허(知新墟)라고 하는 지명이 있다. 고려인 최초의 거주지로 알려진 곳이다.

지신허로 알려진 장소

기록에 의하면 1910년에는 이주민이 늘어나서 5만 4천여 명에 이르렀고, 그중 1만 7천여 명이 러시아 국적을 취득하였다. 이주 초기에는 주로 몰락농민을 비롯해서 상인과 노동자들이었지만, 일제에 합방된 이후에는 민족해방운동을 한 정치적 망명자와 토지를 상실한 농민들이 주를 이루었다. 러시아로 이주한 초기 고려인들에 대해서는 기존의 참고문헌에 잘 밝혀져 있어 여기서는 장황한 설명을 피한다. 그 대신에 이 책에서는 현지답사 중에 얻었던 고려인들의 증언을 중심으로 고려인들의 이주에 관한 내용을 소개한다. 이것은 문헌 기록으로 알려진 내용을 확인하는 데 좋은 자료가 될 것이다.

▌김 니콜라이 벤허노비치의 어린 시절

우리가 박강윤 회장의 안내를 받아 타쉬켄트 주 김병화 마을에 간 것은 4월 22일이었다. 그곳 노인회관에서 이 펠릭스 노인회장의 주선으로 여러 제보자들을 만날 수 있었는데 김 니콜라이 벤허노비치(86, 남)가 원동에서 살았던 어린 시절 이야기를 들려주었다.

노인회관의 창 쪽에 앉은 인사가 김 니콜라이 벤허노비치

그, 우리 아시 적(아이 적)인디. 청일전쟁 때 다섯 살, 여섯 살 때, 그 우리 촌 영감 무시긴가(무엇인가) 하니, 우리 원동(극동)서 본 것 같은 분이라, 우리 근처에 살지. 비코스탄터나 산이 이렇게 높으니까 아나 토즈(?)를 따매, 이래 높고 그 다음에 또 낮지. 그러면 거기 그 강이 있잖아. 강이 쪼그만 강, 강이니까니. 고려 사람들 사는 게 딱 강을 옆에 끼고 살지. 그래 거기 사는디 어떤 데 강은 너른 데 있고, 큰 강 있고, 작은 강이 있지. 그래 우리 대평재라는 디는 좀 강이 크다나니까나 거기 사람들 많이 났소. 그래 거기서 7학년까지 있었지. 고려 7학년까지 있고. 저 근방 건너는 다보이라는 곳인데. 다보이는 무슨 것인

가 하니, 강이 쪼금 작고 그러니까나 땅이 좁으니까다 사람이 적었다. 그 거기는 담벽욱(담벼락)이 나면 다 듣지요, 작으니. 그러니까 물량 적지. 그러니께 아 때(아이 때)인디, 거저 무지라고 할까. 그 김병화 댕길 적이는 아득한 디, 그렇게 놀았지.

▌이 알렉세이 니콜라이쉬가 들려준 독립군 노래

이 이야기도 김병화 마을의 노인회관에서 만난 이 알렉세이 니콜라이쉬(85, 남)가 들려준 것이다. 그는 사마르간트에서 살다가 이곳 딸네 집으로 이사를 했는데 이사하기 전에 있던 곳에서는 학생들에게 음악을 가르쳤다고 했다. 그래서 그분이 알고 있는 노래

김병화 마을에 사는 이 알렉세이 니콜라이쉬

를 부탁했더니 한참을 생각하다가 불러준 것이 독립군의 노래였다. 내용은 고려인들이 두만강을 건너면서 불렀다는 노래인데 자기 형님이 북한에 갔을 적에 두만강을 지나면서 술을 많이 마시고 불렀다고도 했다.

아니 떨어지는 나의 걸음은
한 줄기 두만강을 이별을 하고
　　　　－〈두만강 건너며〉

노래를 마친 뒤에 형님에 대해서 묻자, 모습은 그저 그랬다고 하면서 긴 설명을 하지 않았다. 그리고 이 가사를 어딘가에 잘 보관해 두었는데 지금은 없어졌다고 했다. 또 빨치산들이 활동하면서 부른 노래도 소개해 주었다.

조선에서 연해주에 들어온 사람들이 일본인들과 싸움하매, 원동 저기서 일본을 몰아냈던 그때에 어떤 창가를 했었겠는가. 사람들이 빨치산운동을 하던 무리가 있었습니다. 그래 무슨 창가를 했겠는가. 그때란 우리 러시아에 살던 때였는데…

> 어쩌리 나머지 밭노리에
> 산을 넘고 들을 지나
> 우리 사단 나아간다.
> 백판 위에 근거지에 연해주를 앞서랴
> 떡 바운더(영역, 근거지), 근거지에 연해주를 앞서랴
> 새 조선 새 나라 승리를 위해서
> 멋있다, 나아가자 조선의 민중아
> - <빨치산 활동가>

이 노래는 옆에 있던 김 니콜라이 벤허노비치와 신 아나톨리 페트로비치도 함께 부를 정도로 널리 퍼져 있었다.

김병화 마을에서 함께 있던 또 다른 노인이 자신의 고향은 함경도 길주라고 했다. 우리는 그에게 원동에서 언제 살게 되었는지 물었다.

그랬더니 함께 자리한 노인들 모두가 한 마디씩 이야기를 거들었다. 그 이야기를 정리하면 다음과 같다.

"어르신은 원동으로 와서 한 10년 살았지요?"

"살기는 한 10년 살았지, 10년."

"그러면 원동에서 언제 이곳으로 오셨어요?"

"열두 살에."

"원동에 살 때 할아버지와 아버지도 함께 계셨어요?"

"예. 있었지."

"고려인들은 언제부터 원동에서 살았어요?"

"1905년."

또 다른 노인이,

"우리 아버지, 20년도에, 두만강 국경을 넘어 왔죠."

"두만강을 넘어온 것이 20년이었어요?"

"그렇소."

그리고 그는 처음 넘어온 사람들은 1920년이 아니라, 1870년이라고 했다. 이야기를 듣는 동안에 시간가는 줄 몰랐는데 노인회장이 점심시간이 되었다고 했다. 이분들에 대한 감사로 개고기를 곁들여서 점심을 대접하고 아쉽지만 그 자리를 떠났다.

▌심 이반의 가족사에서 드러난 원동에서의 삶

시온고 노인회관의 제보자들

시온고 제보자들과 점심식사

타쉬켄트 주 시온고 마을을 1차 방문했을 때 노인회관에서 몇 사람의 고려인들과 이야기를 나누었다. 거기서 만난 심 이반 노인의 첫인상은 몹시 날카로워서 우리를 조금 긴장시켰다. 여러 사람들과 이야기하는 중에 귀신에 대해 물었더니, 그가 불쑥하는 말이, "난 공산주의 신봉자이기 때문에 귀신같은 것은 물론이고, 귀신 이야기도 할 줄 모르오."라고 했다. 그가 왜 그렇게 말했는지 우리는 이유를 알지 못했다.

그들과 이런저런 일상의 이야기를 나누다가 점심시간이 되어 분위기도 바꿀 겸해서 식당으로 자리를 옮겼다. 우리가 밥을 주문하고 있는데 어느 분이 "반주 없이 어찌 밥만 먹겠는가?"라고 했다. 우리는 "그렇겠다."라고 하면서 바로 술을 주문했다. 심 이반은 식사를 하면서 반주로 술을 한두 잔 마신 뒤에 밥값을 해야겠다면서 자신의 이야기보따리를 풀어놓기 시작했다. 노인회관에서의 그의 태도와는 사뭇 달라진 분위기였고 말도 많이 부드러워졌다. 뿐만 아니라 이야기도 많이 알고 있는 듯했다.

식사 후에 심 이반이 이끄는 대로 그의 집으로 갔다. 그의 집에서 가족들과 인사를 하고 난 뒤에 자리를 잡고 이야기하는 중에 그의 딸(48, 심 유다)이 한국에 다녀왔다는 사실을 알게 되었다. 그 딸이 가까운 곳에 살고 있었기 때문에 우리가 왔다는 소식을 듣고 아버지의 집으로 왔다. 그녀는 한국에 있을 적에 대전 근처 연산에 있는 식당에서 몇 년간 일을 했다고 했다. 우리가 대전에서 왔다고 하니 더욱 반가워했다. 그녀는 한국어를 잘 구사했고 한국인들

심 이반의 집 전경

심 이반의 딸 심 유다의 집

이 매우 친절했다면서 자신이 일했던 음식점 주인에 대해서도 고마움을 잊지 않았다.

내가 "심 씨 본관이 청송이지요?"라고 묻자, 심 이반은 자신의 본관을 우리가 알고 있다는 것에 감동하고 친척이라도 만난 것처럼 좋아했다. 분위기가 이렇게 되니 심 이반은 자신의 이야기보따리를 계속해서 풀어놓았다. 그 바람에 우리는 그곳에서 구전설화와 민요 그리고 민속에 관련된 많은 자료들을 조사하였다. 이때 조사한 자료 중에 설

화 몇 편은 매우 인상적이었다.

심 이반이 신이 나서 이야기하는 동안에 부인과 딸은 아버지의 건강이 걱정되었는지 쉬어가면서 이야기하라고 했다. 그는 이를 개의치 않고 열정적으로 이야기했다. 그 뒤에 우즈베키스탄에 2차로 방문했을 때에는 심 이반 댁을 찾아가기 전에 심 유다의 집을 먼저 갔다. 그때 딸이 전해준 말은 공교롭게도 아버지가 동생을 만나러 카자흐스탄에 가고 없다고 했다. 그래서 심 유다를 통해서 심 이반에 관한 이야기를 들었다.

그는 바로 이주 고려인 1.5세대로서(당시 열 살이었음.) 원동 근처의 수찬에서 살다가 해삼위(海參崴: 블라디보스토크)에서 갓난아기인 동생과 함께 어머니를 따라 기차로 카자흐스탄을 거쳐 우즈베키스탄으로 이주해 왔다고 했다. 심 이반의 어머니는 12살에 심 씨 집의 민며느리로 들어와서 3년 뒤 15살5)에 심 이반의 아버지와 혼인했다. 심 이반의 아버지 나이는 일곱 여덟 살 정도로 어머니보다 더 어렸다고 했다.

그런데 그 어머니가 자식을 낳으면 계속해서 죽었다. 심 이반의 부모가 점을 보는 집에 가서 점을 치니 무당이 하는 말이, '아이를 낳으면 러시아 말로 이름을 지어 보라.'고 했다. 그래서 심 이반이 태어나자, 아버지는 러시아에서 흔한 이름인 '이반'으로 그의 이름을 지었다. '이반'은 러시아 발음으로 '이완'이라고 했기 때문에 어렸을 적에는 '완아, 완아.' 하고 불렀다고 했다. 뿐만 아니라 태어나자마자 차가운

---

5) 심 이반 딸의 구술 내용 중에는 9살에 들어와 12살에 결혼한 것으로 되어 있음.

눈 속에 놓아두기도 했다고 하는데 이것은 장수를 기원하는 입사시련이 고려인들의 민속에 남아 있었던 것으로 여겨진다. 심 이반은 부모의 이런 노력으로 지금까지 살게 되었다고 믿고 있다.

심 이반의 할아버지와 아버지는 조선 함경북도 단천(뒤에 함경남도로 바뀜.)에서 태어나 장사를 하다가 두만강을 건너와 목재소에서 일을 했다. 어머니는 방 씨인데 단천 출신일 것이라고 했다. 그의 조부와 부친이 처음 이주했던 곳은 블라디보스토크 근처에 있는 '프리머스쥐크라이'라는 곳이라고 했다. 그의 아버지는 심 이반이 태어나고 얼마 되지 않아서 돌아가셨는데, 어머니가 젊고 예뻐서 주변 남자들이 욕심을 냈다. 그러던 중에 어느 잘 생긴 남자와 만나서 아들 하나를 낳았지만, 그 남자와 얼마 되지 않아 헤어졌다.

딸이 들려준 이 이야기를 통해서 원동에서 심 이반의 어린 시절이 어떠했는지를 짐작할 수 있었지만, 그의 고생은 여기서 끝나지 않는다. 이에 대해서는 뒤에 좀 더 소개된다.

▌'소련에서 총살당한 아버지' 이야기

이 이야기는 고려인 진보협회사무실에서 림 미하일 세르게예비치(77, 남) 부회장에게 들은 이야기이다. 참석자들 대부분은 한국말이 서툴러서 러시아어로 이야기하였으므로 통역의 도움을 많이 받았다. 처음에는 모임의 분위기가 어수선하여 제보자에 대한 구체적인 인적 사항을 제대로 파악하지도 못한 채 조사하였다. 고려인 진보협회에서 타쉬켄트 시 노인회의 부회장은 자신의 아버지와 형이 러시아에서 총살당했다고 했다. 제보자의 집안이 러시아에서는 지도급에 속했으나, 제보자 자신도 알지 못한 이유로 총살당한 사실을 이야기해 주었다.

고려인 문화협회 건물 앞에서 통역 김 안드레아와 함께

타쉬켄트 시 노인회의 부회장의 아버지는 블라디보스토크 아슬라바스콜리에서 13대 문화인협회 회장을 지냈다. 그는 1937년에 위커코퍼스 커뮤티스트(합성단 공산주의자)로 맨 처음 여기로 오게 되었다. 처음에 카자흐스탄으로 왔고, 한때는 러시아로부터 '시월상'을 받았지만, 한두 해씩 지나간 뒤에 자신이 다섯 살이 되었을 적에, 아침에 일어나 보니 집안이 싹 헤쳐졌는데 부엌에 재가 있는 곳까지 그랬다. 어머니는, "어젯밤에 내무인민위원부(우리로 말하면 안기부)에서 와서 아빠를 에크네로 잡아가셨다."라고 했다.

나중에 또 들은 내용이지만, 내무인민위원부에서는 "딩신네 아버지는 앓다가 죽었다."라고 했다. 그런데도 청원서를 쓰고 또 쓰고 했다. 그 뒤에 아버지가 블라디보스토크로 잡혀간 것을 알았다. 그 후에 가족들이 아버지를 찾으려고 계속 문서를 보냈는데 회답이 온 것은 '아버지가 감옥에서 병이 걸려 죽었다.'는 것이었다. 그 답을 믿지 않고 계속해서 탄원서를 보내자, 당국에서 사람들이 직접 찾아와서 "아버지가 배신자여서 자기들이 총으로 죽였다."라고 했다고 한다. 그래도 계속해서 탄원서를 제출하니, 배신자는 아니라고 답신이 왔다고 했다.

부회장이 들려준 이야기 내용을 요약해 보면, 어느 날 밤 아버지와 형이 소비에트 사회주의 연방공화국 내무인민위원부 사람들에게 잡혀간 뒤에 아버지와 형에 대해 청원을 했고, 처음에는 그들이 병에 걸려 죽었다고 했으나 나중에 총살당한 것을 알게 되었다는 사연이다.

고려인들 가운데 러시아 내무인민위원부에 붙들려가서 희생당했다는 기록이 있는 것으로 보아서 부회장의 이야기가 근거 없는 것은 아니라는 생각이 들었다. 이처럼 강제이주 뒤의 고려인들의 삶은 자기 가족의 총살형에 대해 이유도 모른 채 살아야 할 정도로 비참하였다.

고려인 진보협회사무실에서 노인협회 회원들과 함께

안일 화가와 그의 화실

이뿐만 아니라 또 다른 총살형 피해자는 더욱 기가 막힌다. 뒤에 소개하겠지만 그 이야기는 고려인 여성 문리사(76, 여)가 제보한 내용이다. 그녀의 증언에 의하면 부자라는 이유로 할아버지가 총살을 당했다는 이야기였다.

앞의 이야기를 마친 뒤에 타쉬켄트시 노인회 소속 회원들은 1937년도에 고려인들이 많이 잡혀갔다고 주장했다. 그 중에 안 블라드미르(80, 남, 화가, 한국명 안일)는 다음과 같은 이야기를 들려주었다.

그 다음에 여기로 올 때, 나 가만히 생각하니, 1937년에 맨 똑똑한 사람은 싹 다 붙들어 갔어. 어째 붙들어갔었냐 하면, 저, 우하고 나서지 못하고. 그렇게 그저 딱 저희한테다 복종을 하라는 게지. 그래 똑똑한 사람은 거반 다 붙들어갔어. 그래 내 짐작하면 37년도가. 그래가지고 그냥 그게 어떤 집 보존을 위해서 그런 이유가 있는 거여. 똑똑한 사람들은. [옆에 있던 허 세르게이(84, 남)가 자기 아버지도 잡혀갔는데 그게 제일 무서웠다고 거들었다.] 37년도 중앙아시아로 들어오기 전에, 똑똑한 사람들은 원동에서 벌써 다 붙들어 가버렸단 말이야.(주로 지식인들을 2천 명 이상) 싹 붙들어 갔단 말이야. 그리고 그 다음에 보니까, 고지한 사람들이, 글 읽는 사람들이 그때 있었지. 이런 사람들을 무조건 싹 잡아갔지.

여기서 1954년에 소비에트 사회주의 연방공화국 검찰총장 루젠꼬 동지에게 청원을 낸 키르기즈스탄 소비에트 사회주의 공화국에 거주한 최 소피아 빼뜨로브나의 기록[6]을 참고로 소개한다.

최 소피아 빼뜨로브나에 의하면, 자신의 동생인 최성학(최 빠벨 빼뜨로비치, 독립운동가)이 극동지방 빨치산 활동에 참가했고, 내전이 끝난 1923년부터 1935년 말까지 해군함대에 근무한 적이 있다고 했다. 그런데 당시 상급 포병 최성학은 1935년 12월 말 군함에서 체포되었는데 11개월의 심리 끝에 1936년 10월에서 11월 사이에 기소 중지로 석방되었다. 그러나 카자흐스탄 사회주의 공화국 아랄 국영선박국 기사로 있던 그는 1938년 6월에 다시 체포되어 *끄즈일-오르다* 시에 수감되었다. 1939년 최 소피아 청원자의 어머니가 낸 청원에 대해 소비에트 사회주의 연방공화국 내무인민위원부는 최성학이 3인 판결위원회에 의해 편지 교신의 권리가 없는 정치범 수용소에서 10년을 복역해야 하는 형을 선고받았다는 회답을 했다. 그러나 최 소피아는 16년

---

6) 김명호 역, 『스딸린 체제의 한인 강제이주』, 건국대학교 출판부, 1994, 249쪽 참조

이 지난 뒤에도 동생의 소식을 듣지 못했다고 했다.

그러니까 1920년 4월 극동지역의 대사건 때 부친인 최 뾰뜨르 세묘노비치가 일본 점령군에 의해 총살당했고, 당시 18세인 동생 최성학은 빨치산 부대로 떠났다가 뒤에 해군에 근무하게 되었다. 거기서 개인적으로 표창을 받은 적이 있는 최성학의 생사여부를 알 수 없어서 최 소피아가 정부에 청원을 냈다는 것이다.

최성학의 사망 증명서(1957년 8월 20일 기록)에는 그가 1938년 10월 16일 38세로 사망하였다고 기록되어 있고, 사망 원인은 총살이며, 사망 장소는 카자흐스탄 소비에트 사회주의 공화국 끄즈일-오르다 시로 되어 있다.

▌부자라는 이유로 총살당한 할아버지, 아버지 그리고 삼촌

조사자와 대담하는 문 리사

들어서 기억나는 옛말 있지 않느냐는 우리의 질문에 문 리사의 손자이자 통역자인 김 안드레아는 "우리, 우리 할머니 고저, 고상한(고생한) 그것밖에는 옛말이 없어."라고 했다. 그래서 우리는 다시 문 리사에게 "그럼, 할머니가 고생한 이야기 해봐요."라고 하자, 그녀가 들려준 이야기이다.

"나의 엄마 그냥 내 아주바 아줌까, 한집에서 살면서, 한 채 어간에 서이 잊어버렸어요. 서이 잊어버리고요."

"누가 잊어버렸어요? 누구 이야기하는 거예요?"

"나의 아버지, 나의 삼촌, 나의 할아버지, 서이 한 해에 모두 돌아가셨어."

"인제요?"

"37년에."

"원동서?"

"그래요."

"어떻게 돌아가셨는데, 무슨 일로?"

"거저 그런 총탄에 맞아서 다 돌아가셨어요."

"그게 무슨 말이야? 총은 누가 쐈어요?"

"죄가 없는데 총을 쏴서. 그렇게 몰켜와서, 우리가 부자로 산다고 소문이 나서, 누가 고자질을 넣어서 '부자 놈들을 다 총살한다.'라고 하여, 그래서 다 총살했어요. 그 옛말밖에는 없지요. 더 무산(무슨) 말이…"

"할머니, 그때 어떻게 알았는데…"

"예, 그것, 그것 우리 어머니가 싹 얘기해주니 우리 알았지."

"어머니가 무엇이라고 얘기해 줬어요?"

"어머니가 그랬지. 나는 너의 아버지가, 너의 할아버지가, 너의 삼촌가 하늘(한날)에 다 잊어버렸다(잃어버렸다)."

"그래, 잃어버렸는데, 그때 옛날에 얼마나 잘 살았나요?"

"그러니까나 그 아버지 벌어놓은 유식(유산)을, 그것은 이게 쉽게 와서 그거를 그냥 먹고 살았지. 그거 벌어 놓은 것. 우리 서이 문 씨들이 일을 벌이고, 그리고서 어, 중간에 구차하게 아니 살았다고. 그래서 어, 쪼금, 남보다 쪼금 더 잘 살게 됐다지. 그러니까 소문이 부자라 해서, 그 사람들이 우리 집 와서 둘치니까다(뒤지니까) 물고기 이런 게 한 통밖에 읎었지. [통역: 그러니까 물고기밖에 못 찾았대요. 검사를 해봤더니.]"

"그럼, 그 사람들이 누구였어요? [통역: 당 간부 사람들이 와서.]"

"잉 그래, 그 사람들 와서 다, 이것 검사를 하니 물고기 한 풍작(?)밖에는 아니 나겼지."

"그때 아버님은 무슨 일 하셨어요?"

"막일한 게 그렇게 됐어요."

"막일을 하는 데도 그렇게 잘 살았어요?"

"엉, 막일한 게, 그저 남 이래 믹이면서리(먹이면서) 그저 뉘기 없는 건 불쌍해서 자꾸 믹이지 인제. 그래 논가주고(나누어주고) 믹이고 이러고 살구니까다(사니까) 그게 소문이 다 나, 잘 산다는 소문이 다 나."

제보자인 문 리사의 이야기는 자기 아버지, 할아버지, 삼촌이 함께 총살을 당했다는 것인데 누가 죽였는지는 말해 주지 않아서 구체적으로 알 수가 없다. 다만 통역한 손자가 그 사람들이 당 간부들이라고 했다. 그리고 죽인 이유는 그들이 부자로 살았기 때문이란다. 그런데 그 부자라는 것이 물려받은 약간의 유산과 막일을 해서 번 돈으로 불쌍한 사람들을 도와주다보니 사람들이 부자로 알았다고 했다. 이 사건은 강제 이주 전에 일어난 것이니 인심이 흉흉해진 고려인들이 그러했을 것이라고 추측하기 쉽지만 그렇지 않다. 당시 극동지역에 살고 있던 고려인들은 부지런히 벼농사를 지었으므로 상대적으로 잘 살고 있었다. 따라서 고려인들에게 이런 핍박을 가했다면 그것은 극동지역에 거주한 러시아인의 소행이었을 것이다.

앞의 이야기를 마친 문 리사는 계속해서 할아버지에 대해 이야기했다. 문 리사의 할아버지는 러시아로 오기 전에 함경도 길주에 살았는데 부인을 아홉이나 얻었다고 한다. 이것은 당시 조선인들의 부부간의 관계를 이해할 수 있는 증언이다. 뿐만 아니라 이런 남편을 따라 러시아로 오게 된 부인의 삶은 어떠했을지 도대체 짐작이 가지 않지만, 이 가족은 10촌까지 함께 산 대가족이었다고 했다. 할아버지가 부인 아홉을 얻어 살 수 있었던 것은 아들이 막일을 해서 번 돈을 아버지께 드렸기 때문이라고 했다.

▌아홉 번 결혼한 할아버지

"그래, 우리 할아버지는 45세에, 우리 할머니 세상 돌아보내고(돌아가시고), 함흥차사(어디에 나간 뒤에 돌아오지 않았다는 뜻) 갔다가 종 돌아대니며, 우리 할아버지 노친네(부인) 아홉을 했어요. 그러다나니, 나의 어머니는 많이 고상했지요. 그 시어마이 아홉을 처시우다니(돌보다 보니) 그 어찌 골머리가 기차게 아프지요.(웃음) 그런 고상가(고생을) 했지요."

"아이구, 어떻게 부인을 아홉씩이나 뒀어요?"

"그렇게 그저 할머니 45세에 돌아가시고, 우리 할아버지도 그때는 젊었어요. 그러니까, 그런 장골(몸집이 큼)이었어요."

"그 할아버지가 돈이 많았어요?"

"돈가 있었어요."

"그러니까 그렇게 부인을 아홉이나 두었겠지."

"그래, 아홉을 하나 마까댐(아내를 지칭하는 듯.). 한 살 살고 쫓까 보내고, 또 두 번째 것 제외하다나니, 아홉이나 서바(장가) 갔지."

"그거를 어머니가 다 그 수발을…"

"그래, 우리 어머니가 같이 있다나니, 우리 어머니 남편이 세 번째 부인의 아들이란 말이여. 그러다나니 우리 어머니가 같이 우리 할아버지 있다나니까다 우리 어머니가 머리가 아팠지요."

"어머니가 세 번째 아들의 부인이란 말이에요?"

"잉. 세 번째 아들이."

"위에 아들은 어디 갔어요?"

"우리 마다바이(아버지) 위에 아들은, 큰 아들은 그냥 길주 선진에 가 있었어요. 그러다 제다(모두) 돌아가시고."

"그렇겠지요. 그러면 길주 선주 거기서부터 아홉 번?"

"아홉 번을 서바 가고서리."

"야, 대단하다. 결혼하느라고 바빴겠어요?"(일동 웃음)

"저기 그런 것 하니 어찌 찾겠는가. 못 찾지."

"그 할아버지가 바로 함흥차사하고 돌아다녔어요?"

"못 찾았지."

"할아버지가 한량처럼 놀러만 다닌 거요, 아니면 일도 많이 하신 거요?"

"우리 할아버지 일 아니했어요."

"일 안했어요?"

"잉. 아들에 가서 싹 일했지요. 아들이 너이(넷)인가, 너이. 아들이 너이 일하고 싹 아버지게다 돈 맡겠지요. 그러다나니 우리 할아버지는 그차 아들이 벌어서 그런 것, 아버지게다 맺긴까다 그걸 갖고서 그냥 고저 좋아하지."

"그러니까 부인을 아홉이나 얻고 살다가…"(웃음)

"그래도, 아들 다 믹여, 배 부르게 믹여 살았지요. 어찌게 배 아프게 아니 골았다요."

"그러면 할아버지는 거기 계셨고, 그 아드님이 이쪽 원동으로 오셨어요?"

"그 우리 삼촌이 같이, 쪼그만 삼촌이 같이 이기(여기)로 왔지."

"원동으로요?"

"원동. 원동서 우리는 넷째 삼촌이 같이 왔어요."

"넷째 삼촌이 할아버지 데리고?"

"아니, 그때는 다 돌아가셨어요."

"그러면, 원동서 살 때에는요?"

"다 있었지요. 아, 원동 살 때 없었지요. 고려 땅에 있을 때 다 있었지요."

"그러면 원동에 누구누구 살았어요?"

"원동으로 우리 작은할아버지하고, 우리 어머니하고, 작은집 할머니 살고, 그리고 우리 작은집 우리 오촌 저기, 아주마이시라, 아저씨, 우리 오촌이 싹 살았지요. 그러다니 우리 같이 살아서 이제까장. 우리 그리고 사촌네도, 큰집에 사촌에 우리 있었지. 우리 십촌까지 있었어요."

"그러면 길주 선주 사시던 그 할아버지와 할머니의 아버지 그게…"

"우리 할머니의 아버지께로, 우리 엄마 아버지도 길주 선주에 있었어."

"그러면 그…."

"정가, 우리 어머니."

"아홉 번 결혼하신 그 할아버지는요?"

"일찍이 돌아가셨어요."

"돌아가시고, 그 부인 아홉도 길주 선주에서 돌아가셨어요?"

"모두 돌아가셨어요. 그 몰해(몰러) 다녔지만 오래되다나니 어디 갔는지 몰라요."

문 리사 할머니 집에서 식사 대접을 받고, 이야기를 하다 보니 시간이 많이 흐른 뒤에야 그 집을 나섰다.

▌블라디보스토크를 왜 '해삼'이라고 부르는가?

우즈베키스탄에 살고 있는 고려인들은 러시아의 블라디보스토크를 가리켜 '해삼'이라고 불렀으나 블라디보스토크에 대한 한자 표기는 '해삼외(海蔘崴)'[7]로 되어 있다. 우즈베키스탄에 살고 있는 고려인들이 말하는 '해삼위'에 대한 설명을 들어보자. 이것은 타쉬켄트 시내에 살고 있는 최 알

최 알렉산드리아

렉산드레아(81, 여) 집을 방문해서 그분에게 직접 들은 것인데 그녀는 허 세르게이의 부인이다.

그래, 해삼이라는 얘기 들었지? 해삼이라고 원동 블라디보스토크 노라슈 꼬리에트느 서바니를 해삼이라고 했어. 해삼이라는 게 무신가 하니까다, 해삼이라는 게 마우재 말로 무시기라 하던가, 트리펀트라고 해. 두만강 건내 와서, 그 해삼에 와서 자고서리 일어나니까다 해삼이 꿀떡(가뜩)한 데 사람들이 해삼 위에서 잤다고. 그래서 그 사람이 무시

---

7) 러시아 블라디보스토크가 한자 표기로는 '海蔘崴(해삼외)'인데 사람들이 '해삼위'라고 한 것은 '海蔘葳'를 그렇게 발음한 것이 아닌가 한다.

기라 하니까, 그 도시를 해삼이라고, 고려 말로 해삼이라고 지었지. 블라디보스토크를 해삼이라고. 우리는 해삼이라 하지. 해삼에 살았다고. 해삼이라고 새까만 게 있어. 이렇게 말린 게 거기 가뜩하지 모두. 자고 나니까 그 위에 잤더라고, 물에서, 그 바다에서. 그 해삼이 자꾸 나와지므로. 그래서 우리 원동에 있을 때 해삼이를 그저 떠 먹었지 뭐. (일동 웃음)

그녀는 계속해서 러시아 원동에서 살았던 시절의 생활상에 대해서도 이야기해 주었다.

원동서 우리가 어떻게 살았는지 아오? 원동서 우리네는 아니 살았는데, 우리 아버지와 어머니가 살았는데 한 칸이 큰 칸이오. 칸이 큰데, 구들이 있고. 구들 알지요? 아, 구들이 있고. 구들이 가매(솥)이 좋게 큰 것 둘 걸어 놓고, 불을 때서 거기서 밥도 하고, 국도 하고 그렇게 사는데 바다(바닥) 아, 누울 바다가 아니라고. 그래 바다 있지 응? 그 구들 위에서 놓고 바다에 있는데, 그 바다에는 방아돌이 있고. 방애돌 있지오? 그 방애가 있고, 그 방애 위에는 닭이 있고, "꼬카리꼬" 하고, 우리네 아들 깬댄(깨운)다고. 그 담에 그 방 있는 데서 문이 있는데, 그 문으로 나가면 마루, 마루턱은, 마루 알지? 그 담에 거기 쪼금 나가면 쇠(소)를 둔 칸 있지. 원동서 이렇게 살았다는 말이야. 원동서 그랬단 말이야.

최 알렉산드리아의 이 이야기에서 러시아 원동에서 살던 고려인들의 주거 환경을 엿볼 수 있었다. 그녀는 이 이야기를 들려주면서 깊은 감회에 젖기도 했다. 우리는 최 알렉산드리아와 함께 있던 남편 허 세르게이(84, 남)에게 몇 가지를 더 물었다.

최 알렉산드리아와 허 세르게이 부부

"원동에서 살던 고려인들이 부자였나 봐요?"

"잘 살았어, 원동서. 잘 살기는 다 잘 사는 게 아니라오. 일 잘하고, 고리기(고리대금)하고, 그런 게 있어. 그런 사람들은 잘 살았어."

우리는 원동에서 고려인들이 고리대금을 했다는 사실에 조금 놀랐다.

▌ 연어 알 저장법

최 알렉산드리아는 앞의 이야기를 마치고 난 뒤에 '해삼위'에서 많이 나왔다고 하는 연어 알 저장 방법에 대해서도 이야기해 주었는데, 이들이 음식을 저장하는 그릇으로 독을 사용했다는 것을 알 수 있었다.

그것을, 내 조그만을 적에 생각해 보니까다 연해(연어) 알 있잖아요. 연해 알로, 연해 알을 이마치 큰 거. 그거 종일 빼서 내놓고, 이런 짚을 맨들지. 그전에는 옛날에는 독이랑 작았단 말이에요. 독장을 담구고, 김치 담구고, 그런 독이지만도 그 연어 알이랑 어따 갖다 놓는가 하니까다. 그래 짚으로 맨드는 독이 있었어. 짚으로 맨들었어. 짚이란 것 알지요. 이런 독이다가서리 그 연해 알을 채(차례로) 넣어서 소금처서, 동삼(겨울 동안)에 그거 밥을 해서는 그거 먹고 살았단 말이야. 그래, 다른 건 못 먹어도 그런 건 먹을 수 있지.

▌자연에서 얻은 먹을거리들

최 알렉산드리아는 연어 알 이야기에 이어서 러시아 원동에 살면서 고려인들이 자연에서 구해 먹은 음식물에 대해서도 이야기해 주었다.

고사리도 가뜩 했지. 고사리도 많이 먹었지요. 고사리 캐러 내가 댕겼는데, 우리. 그 다음에 무스 게 있는가? 고름이, 고름(산에서 나는 열매)이라는 게 큰 냉기(나무) 있는데 새깜한 과실 있는데, 원동서는 많다 말이야. 그 과실을 먹고 살았지. 그 다음에 그 깸(깻잎), 근데 깸이란 걸 어떤 것이 있는가 하니까다, 고려도 있을 수 있어. 원동에는 잔뜩한데. 또릿또릿한 깸이 많았다.

이들은 자연에서 나는 먹을거리로 고사리나 깻잎 등 우리가 먹는 것을 그대로 먹었다. 또 그녀의 이야기 중에 살구나무가 집에 있어서 그 열매도 먹었다고 했다. 우리는 친절한 두 분의 이야기를 듣고서 그 집에서 나와 우즈베키스탄의 밤하늘을 바라보았다. 숙소를 향해 오는 동안 고려인들의 삶에 대해 깊은 상념에 젖었다.

▌당나귀 수레도 들어 올리는 힘 센 할아버지

이 이야기는 타쉬켄트 쥬안디에 있는 은혜병원(황 원장 운영)에서 통역자 김 안드레아(34. 남)와 이런저런 이야기를 하다가 들었던 이야기이다. 그의 증조할아버지는 힘이 세서 군인에게 끌려갔다가 돌아오지 못했다고 한다. (이야기의 주인공인 증조할아버지는 문 리사의 이야기에서 나오는 그 할아버지이다.)

강 교수와 통역 김 안드레아

재미있는 얘기는, 우리 할아버지의 아버지는 아주 멋이 있었던 사람이었는데요. 키도 크고, 아마 우리 할머니가 그냥 재미있게 얘기를 하려고 한 것 같은데, 아주 힘이 셌대요. 아, 나귀 있잖아요. 당나귀. 당나귀 그 뒤에 저, 저 수레 있잖아요. 그 당나귀, 아직도 당나귀 수레가 아주 무겁잖아요. 그것을 두 손으로 이렇게 들었다고.(웃음) 그 할아버지는 내 친할아버지에요, 그러니까 증조할아버지에요.

근데 그 할아버지는 여기 러시아, 그 소련 군인한테 끌려가셨대요. 아, 힘이 너무 세니까, 군인 열 명 정도로는 우리 할아버지를 이기지도 못하셨대요. 그래서 다시 많은 사람들이 들어오고, 끌려갔대요. 그러고 다시는 못 왔고. 지금 한 이야기는 할머니한테서 들은 건데요. 증조할아버지는 소련군에게 잡혀갔고, 할머니만 이쪽으로 오신 거예요.

▌원동의 교육기관

이것은 심 유다 씨 집에서 심 이반의 구술 중에 들었던 이야기인데 원동에서 고려인들의 교육이 어떻게 이루어졌는가를 알 수 있다.

이야기와 노래에 열중인 심 이반과 그의 아들

1929년에 원동에 있을 적에 러시아 사람들이 고려인들한테다 땅을 주어서 그 땅을 가지고 촌락을 만들었다. 그때부터 콜호즈(협동농장)라는 것을 조직했지.

우즈베키스탄에 도착해서는 학교에서 조선말을 일부 가르치고 있었지만, 조선학교는 아예 없었지요. 오히려 그 저기 저쪽(원동)에는 많이 있었소. 저기 저 원동에는 한 340개가 있었는데 소학교, 고등학교. 37년도에 우즈베키스탄으로 들어오기 전에 원동에 조선학교가 있었다. 원동에 학교가 얼마나 많은지는 난 잘 모르지만. 내가 원동에서 37년도에 여기 들어오기 전에 조선학교를 다녔었지, 학교는 해삼에도 있었는데 그 학교 중 사범대학이 34년에 카자흐스탄으로 옮겨왔지. 내 똑바로 모르지만 해삼에는 그전에 고려문화가 있었다.

2. 이주 과정

다음은 은혜병원에서 통역자 김 안드레아가 이주 과정에 대해서 외할머니에게 들었던 것을 우리에게 해준 이야기이다.

제가 들었던 애기는 우리 외가 할아버지한테서 들은 것인데요. 왜냐하면 원 할아버지는 일찍 돌아가셨기 때문입니다. 또 애기를 들었던 것은 우리 할머니께서도 많이 들려주셨습니다.

아, 제가 쫌 우리 아버지는 이쪽으로 다시 이주로 왔는데, 러시아 극동 쪽에서, 그것도 갑자기 사람들에게 일을 하다가, 갑자기 그런 명령이 있어, 명령이 떨어졌다고 그 군인들이 와서, 기차에다 실어, 물건처럼 화물처럼 그냥 실었대요, 사람을. 그래서 이쪽으로. 원래 기차로 한 달을 걸리는데. 그때는 3킬로, 6킬로씩 그렇게 오셨대요. 그렇게 오시면서 사람들이 죽었고. 화물차에다 실었으니까. 그리고 밥도 먹을 거리가 없고, 사람들 적은 지역에서는 쥐를 잡아먹고, 토끼를 잡고. 그리고 우리 고려인들은 배추 같은 것을 많이 먹으니까 살아날 수가 있었다고 해요.

러시아에서 이주할 때 기차 타는 모습

다음은 고려진보협회 사무실에서 노인회 어른들을 모시고 이주 당시의 상황을 들은 내용이다. 여러분들이 돌아가면서 이야기를 한 내용이다.

타쉬켄트 시 노인협회 부회장에게,

"저기, 다늘 원농에서 이쪽으로 오셨습니까?"

"아 그렇지. 다 원동에서는 나는 9살 때고, 여분들은 열, 열둘. 37년도에, 우리 고려 사람들 원동에서 스탈린의 게폰타스네 제일위원이기 때문에 여기로 왔지."

"내 여기(우즈베케스탄) 왔을 때 다섯 살이지."

"카자흐스탄에서 계시다 이리로 오셨습니까? 아니면 바로 오셨습니까?"

"처음에 카자흐스탄으로 왔지."

다른 분에게,

"선생님은 어떻게 오셨습니까? 우즈베키스탄으로 바로 오셨습니까?"

"일단 우즈베키스탄에 가까운 강 코카스로 왔습니다."

"그때 가족들이 누구누구 오셨습니까?"

"내 어마이가 같이 왔습니다. 엄마가 아버지는 내 조그마할 때 상세 났다(초상이 났다)."

이오크 마을에서 허 갈리라(80, 여) 집을 방문했는데 가족들과 그 마을 노인회장이 자리를 함께하였다. 그때 허 갈리라에게 들었던 이주 과정에 관한 내용을 정리해서 소개하면 다음과 같다.

당시에 부슬기(기차)로 이곳에 올 적에 많은 사람들이 죽었다. 그때에도 고려인 중에 지위가 높은 사람들은 기차로 이주한다는 사실을 미리 알기도 했지만, 대부분은 그 사실을 모르고 있다가 이주하게 되었다. 그리하여 굶어 죽거나 기차 밑에서 소변을 보다가 차가 출발하는 바람에 죽은 사람들도 많았다.

죽은 어머니의 젖을 물고 있는 아이

떠날 때 기차를 타지 않으면 총으로 쏴 죽였다는 말도 있던 데 사실인가하고 물었더니 그런 일은 없었다고 했다. 자기 아버지가 러시아인들에게 잡혀간 것은 일본 사람하고 얼굴 모습이 비슷하게 생겨 구별이 되지 않아서 그랬다고 했다. 이들은 처음에 압록비스커로 왔다고 했다. 큰 아들이 함께 살고 있는데 그 이름은 석 그리샤 그레고리(53, 남)라고 했다.

다음은 키브라이 지역의 통역자 김 안드레아 이모부(김 아르까지. 54, 남) 집에서 들었던 내용 중에서 이주에 관한 이야기인데 이주 당시에 어린이들의 고생이 얼마나 심했는가를 알 수 있다.

그때 왔던 사람들이 부모님들이랑 애들이 같이 왔잖아요. 그런데 오는 길에 부모님들이, 특히 어머니들도 많이 죽었대요. 그래서 어떤 아주머니는 옆에 있는 다른 아이에게 자기 젖을 먹여 살려 주었다고 해요. 아, 그때 집들이 뭐 없었잖아요. 그러니까 그냥 아주 죽었대요. 그때는 네 가족까지도 같이 타고 있었는데 그 가족들이 아주 가깝고 친하게 지냈다고 하였다.

▌이주하는 도중에 기차 놓친 심 이반

이것은 심 이반의 딸 심 유다가 들려준 이야기인데 그녀의 아버지가 이주하는 중에 겪었던 기가 막힌 일화이다.

기차에 타고 있는 고려인들의 모습

    1937년에 어머니는 남편도 없이 두 아들을 데리고 기차를 타고 중
앙아시아 카자흐스탄으로 한 달 이상 걸려서 이주했다. 그때 러시아
정부로부터 받은 이주비는 610루블8)이었는데 한 달 만에 다 써 버렸
다. 이주하는 중에 기차에 타고 있던 고려인들은 중간에 죽은 사람도
내리고, 화물도 싣고, 물을 긷기 위해서 잠시 서게 된다고 했다. 어린

---

8) 일본군 비밀정보부 조서 내용에는 370루블로 되어 있어 현지 고려인들의 진술 내용과
   차이가 있음을 알 수 있다.

심 이반은 이 틈을 이용해서 물 길러 갔다가 기차가 떠나는 바람에 하마터면 기차를 놓칠 뻔했다. 다행히 그는 기차 맨 마지막 칸에 간신히 타게 되었는데 그때 어머니가 아기 젖을 먹이고 있었다. 기차가 갑자기 떠나니까 놀란 어머니는 아들을 또 잃는 것이 아닌가 걱정하다가 기적적으로 만나게 되었다. 그러나 길러왔던 물은 어머니한테 왔을 적에 이미 모두 쏟아져 버렸다는 내용이다. 이에 내한 심 유나의 이야기 일부를 그대로 옮기면 다음과 같다.

그래, 요새 여기서 뭐 좀 가다가 기차 서지. 혹시, 누구 죽은 사람도 거기서 내리고 화물도 싣고, 물도 짓고 가다가 물이 귀하니까. 그래서 기차 떡 섰는데, 인제 아버지 이런 물통 내렸지. 우린 엄마는 쪼끔 애기 젖을 먹일라고, 애기 갖고 있다. 그래 어디메 쯤 간 게 그렇게 기차가 떠났어. 그래서 우리 아버지 마지막 칸에, 거기 그 끝이 막, 뒤, 뒤에 올라탔어. 그래 우리 어마는 벌써,
'오, 나 또 아들 잊어버렸다.'
그렇게 생각했댜. 그래 거기 마감에서 이렇게 엄마는 그렇게 아들을 만나서 얼마나 눈물 흘렸겠어. 그 애기할 적마다 우리 아버지 눈물 뚝뚝 떨어뜨리고.

다음은 이주 과정에 대해 심 이반이 그의 딸 심 유다의 집에서 들려준 이야기이다.

우리가 이주하면서 먹고 살아야지. 그때 이주하라고 사람 한 명에 돈이 610냥(루불)씩 주고, 부슬기(기차)에 태워서 보냈단 말이야. 그 기차 있잖아 석탄 싣던 화물차야, 그런 기차. 그 기차를 타고 한 달 이상 걸려서 이곳으로 오게 된 거야. 사람 하나에 막 600냥씩 그때 돈으로 소련에 그때 돈으로 가지고. 그게 작지. 돈 그때 러시아 돈 150루불이면 한 달 정도 살 수 있었어.

나는 그때 갑자기 우리 동생이 37년생이야, 내 동생이. 난 27년생이잖아. 10살 차이가 나지. 우리 아버지는 세상 돌아가고, 벌써 원동에서 우리 아버지 세상 떠난 지 오래 됐지. 600냥 가지고 부슬기에 앉아서 한 달 이상 갔지. 러시아에서 내가 살던 데는 시온고라고 했지. 그 이름을 그대로 이곳 우즈베키스탄에서도 사용한 거야. 수찬이란 도시에서 멀리 떨어진 곳에 시온고가 있었지. 나는 수찬에서 해삼으로 와서 부슬기에 앉았단 말이지. 부슬기 타고 다녔지. 내 아홉 살 되기 전에 이래 왔다갔다 댕겼지. 아, 그래서 우리 어머니가 시온고에서 있다가 우리 아버지 상세(초상)에 이장하고서 우리가 떠난 것이지.

내 아들 저기 내 이런 얘기 하면, 내 동생이 있지만 우리 아버지가 쫌. 아버지가 우리 어머니가 나 데리고 나 하나 데리고, 시온고에서 수찬으로 건너와서 어 이런. 그런 공장에 들어와서 우리 어머니 일해. 나 하나 데리고 일해서 혼자 있는 여자지. 거기 수찬에서 그래서 그랬단 거지. 그래, 그 37년도에 수찬으로 해서 난 여기 들어왔단 거지.

내가 처음에 카자흐스탄으로 들어왔지. 그런데 카자흐스탄이란 나라가 불안하지. 그래 일 년 뒤에 우리 친척들은 싹 우리를 우즈베키스탄으로 데리고 왔지. 37년도에 우리 여기 들어올 적에 내 동생은 수찬에서 낳았지. 아, 저기 동생의 아버지는 그건 말할 필요 없어서 말 할수 없지. 아, 아니야. 딱히 말하면 혼자 있는 여자잖아. 어린 동생 아버지가 누군지는 알지.

▮ 기차로 이동

다음은 김병화 마을의 김 니콜라이 벤허노비치가 들려준 이주 과정에 대한 이야기이다. 이를 정리하면 다음과 같다.

"어르신은 어렸을 때 하바로프스크에서 여기까지 오시는데 얼마나 걸렸어요?"

"한 달 넘어 왔어요. 엉. 그런디 아 정말 기차지. 우리 그 기차에, 헌데 그게 무시기냐 하면 짐 실은 게이지. 짐 실어 놨지. 그런 차인디. 거기다가 화물차에 어쩌면 몇 호랄 넣는가 하니, 하나, 둘, 서이, 너이, 다섯, 여섯 호를 넘었어. 야 그래 천장에다도 놓았거든. 그러고 저 짝에도 천장 밑으로."

"이층으로?"

"야. 차에서 그 다음에 또 지실 천장으로 놨어, 거기 또 무시긴가(무엇인가) 하면 이렇게 살았댜. 그리고 우리는 그때 한 집을 또 그저 아비 아들 오다가서 사람이 적지 않으니까 그 사람들까지 짐 지명하였 잖소."

[통역: 화물차, 화물차였는데요, 기차를 이층으로, 그리고 반으로 나누었데요. 반으로 나누었는데, 기차 안에서 여섯 집 가족을 실었다고 하네요. 그렇게 한 달 넘게 왔었데요.]

이주할 때 탄 기차의 화물칸

▌ 기차 타고 오면서 물 긷고 밥 해먹고

"그럼 기차 속에서 밥을 해 먹었어요?"

"엉. 근디 거기는 끓이고 먹지. 게(모두) 끓이고. 차 타서 손 안 씻지. 그럼, 그 가매(솥) 있지 않으오? 그것 싹 준비를 하지. 감자랑 싹 이래

서는 그 물에다 실어서나 그랬지. 그냥 물도 없으니까니, 철이 닿으면
(기차가 멈추면), 그 좀 젊은이들 가서, 저 먼 데 가서 물 길러 오오. 그
래갖고 물 없이 그 사람들 거기 가서도 내려. 그라고 밥 구들이나 벌
써 싹 준비를 해놓지. 그래 여기 내려서는 돌을 여기 걸면 독을 놓고
선 그것 끓이지. 그 다음에 또 차 떠나면 거기 가져 올라오지. 차 있
지 않으오. 김자도 아니 익을 수밖에 없지 않소. 야 그래 저녁에는 또
초를 주오. 초를 줘. 초는 그것 두어 개 주다나니께 부족하지. 피워서
꼽아 놓으면 금방 타들어가 버렸지."

▌화장실이 없어서

"그래, 사람이란 게 오다 푼수 되나니, 좀 푼수 받겠느냐. 그 노친네
들 저 밑이 거기 들어가 일을 보는데, 그럼 부끄러운 게 없다 말이야.
다 그렇다나니. 그러다가 차 떠나는데 밑에 남아서 다리 짤리고. 다
그랬단 말이여.

춘식이 딸이 다리 끊어졌지. 애기 떨어졌지. 가다 차에 떨어졌지.
그 언짢이 있지 않소. 어, 저번이 말하지만, 내 춘식이 키우면서, 그
전이 카자흐스탄으로 왔어요. 다리 끊어져 어떻게든 차에서 내려서 애
비 데리고서 어미 두었지. 그래 그 사람 떨어져 들어왔지. 이러니. 그
런 일 많소. 차에 죽은 것도 많고."

고려인 진보협회 사무실에서 여러 노인들을 모시고 조사하는 과정에서, 이주과정에 대해 이야기한 내용을 정리하면 다음과 같다. 먼저 고려인 여성 물리학자로 이름이 알려진 윤 뤼버스(70, 여)가 제보한 내용부터 소개한다.

고려인 여류 물리학박사 윤 뤼버스

"저기 여성 어르신께서는 이름이 어떻게 되십니까?"
"저는 윤씨. 윤 뤼버스."
"연세가 어떻게 되십니까?"
"칠십."
"그렇게 많이 되셨습니까?"
"옛날 사람입니다."

"그럼, 여기서 태어나셨습니까?"
"예. 카자흐스탄에서 태어나서."
"태어나서 바로 이리로 오신 겁니까?
"예. 어머니, 아버지가 카자흐스탄에서, 그쪽에서 쫓겨나서. 그 다음에는 여기 친척이 다 있다마. 여기로 이사왔습니다."

허 세르게이(84, 남)에게,
"어르신은 원동에서 오실 때 누구랑 오셨습니까?
"나는 여기로 올 때 벌써 나이 열두 살이야."

"그럼, 이주할 때 일이 생생하시겠어요?"

"다 봤지요. 그때 오는 거. 아버지, 어머니, 맏형, 누이 이래 마, 다섯 사람이지. 그래 여기로 타쉬켄트로 왔지요."

"이곳으로 바로?"

"바로 여기로 예, 여기로 와서 여기 콜호즈(김병화 농장)로. 그 콜호즈로 와서, 그냥 거기 와 있었지."

고려인 명예박사 안 블라지미르(80, 남. 화가 안일)에게 물었더니,

"안 박사님 가족들은 어떻게 오셨습니까?"

"다 그렇게 왔지요."

"형제가 몇 분이나? 아버님, 어머님하고 같이 왔습니까?"

"나는 어렸을 적에 부모님은 잃어버리고, 할아버지와 같이."

"그럼 형제는 없으시고요?"

"없고."

허 세르게이에게 다시 물었더니,

"허 선생님께서 원동서 우즈베키스탄으로 오실 때 기차 타고 오셨죠?"

"기차 타고 왔죠."

"한 달쯤 걸렸어요?"

"예? 한 달 넘어 삐렸지. 우리 한 달,

허 세르게이

우리는 완전 그건 한 달이 되었지."

"그럼, 그 한 달 동안 오셨을 때 고생했겠네요?"

"죽을 고생했지."

이주과정에 죽은 아이를 안고 통곡하는 고려인 어머니

"어떻게 고생하셨는지 좀 알려주세요."

"우리 가는 데는, 저 나라 수천 킬로에 나라 있지."

"예?"

"네, 그거 들고 네 가족이 왔지. 그래 오니까, 끓여먹는 것은 그건 아, 뻬치카(작은 부엌)를 났지요. 그래, 조금 끓여 먹고. 그리고 재빌로 (자신 스스로) 가져온 것으로 아, 끓여서 죽도 해먹고, 그래 해먹고 그렇지. 그래 놓으니까 고생 기똥찼지요."

"아파서 돌아가신 분도 계셨어요?"

"그럼, 그것도 있지 않아요. 그건 전 아가늘. 조그만 아늘이, 갸들이 죽어서. 얼마 죽었는지는 우린 모르지만, 그러니까 그런 데서 오더나니까 고생 기똥찼죠."

"오시면서 대변도 보고, 소변도 보고 어떻게?"

"그렇죠. 어디 와 척 내리면 그건, 그저 짐승들처럼 싹 다 여자나 남자나 어쩌겠습니까? 한 디다 가서 그저 다 뵈우는(보이는) 데 가 앉아 있었죠."

"오실 때 옷이랑 충분히 가져 오셨어요?"

"그니까 원동에서, 여기 조합두. 뭐냐면 당신이 갔다 오지 않았오? 그 조합두 원동에 있었습니다. 원동에서 여길 떠났죠. 그래 떠날 때, 거기서 우리 오래 살았습니다. 그래놓으니까 집이 크지. 옷이 많지. 그러니까, 사흘 동안에, 걸어 가지고 얼매치만 걷어가지고 오라고 하니까, 그게 무슨 돼지, 그런 거 다 버리고 왔지요. 그저 무엇 담고, 열 개나 그렇게 잡아 갔지. 돼지 잡아서, 그러니까 사람들이 우리 다섯 되어 놓으니까, 어머니 아버지 아들 셋 그러나니까 먹을 게 없어. 그만 가지고 왔으니. 사흘 동안 먹을 게 없어. 그래 도시로 실어다가, 기차에다 앉으니까 여기로 왔지요."

"그러면 떠나기 사흘 전에 통보 받으셨군요?"

"그렇지. 사흘 동안. 사흘 동안에 준비하니까 다 버리고 왔지. 뭐, 그저 먹은 것만 싸고, 그것 먹을 것 조금 가지고 오거든. 싹 그리 왔거든."

안일 화가

이때 안일 화가가 옆에서 거들었다.

"저는 어머니, 아버지가 이야기한 것인데, 한 사람에게 25kg만 딱 갖고 오게. 그래다나니 다 버리고, 그저 그 집도 들어가면 그저 살 수 있고. 먹을 것도 있고 다 있고."

"아, 그렇게 25kg 들고 한 달 가려면, 먹을 게 충분하지 못 했겠어요?"

"예. 그러면 한 사람이 그렇게 들어야 하니께 그거 다 버린 거지. 사람들이 올 때 부슬기 있죠? 그게 사람들 싣는 것이 아니고, 화물차 부르스카였어요. 거기다가 서른씩 스물다섯씩 넣지요. 이렇게 나무 위로 넣고서는. 그래 가지고 한 달 반씩 원동서 오지 뭐. 제 오면서 또 줄지 뭐. 또 조금씩 줄지 뭐. 사람들이 많이, 아픈 사람들은 오다가 죽지 뭐. 파묻기도 싫을 정도로 계속되었어요."

다시 허 세르게이에게,

"선생님. 그럼, 오시는 동안 가장 고생했던 사건 하나만 이야기 해 보세요."

"오는 사람은 다 똑같이 고생했지. 그러니까 화물차 한 칸에 사람들이 25명 정도 있었지. 그래가지고 먹을 것 끓이는 것도 전부 다 끓이지 못 하지. 그러니까 조금 이 집에서 끓이고 저 집에서 끓이고, 그래도 한 콜호즈 사람들이니까 그렇게 썩 미워하고 그런 거는 없었지 뭐."

"싸움은 안 하고?"

"그러나 다른 고생들 생각해 보면, 여자들이 목욕도 못하고 그랬지. 머리감는 것도 못하고. 목욕도 못 하지요. 그냥, 그냥 이이 처서(처지)라는 게 그래서, 그것 벗어서 치워버리지. 이것 뺏어서 쳐 버리고, 그리고 새로 입고 그러고 올 때, 넘들도 그렇지. 그래 이렇게 있으며는 거꾸로 있으면 치워 버리지. 걸치고 이렇게."

"그때 떠날 때 여름이었습니까?"

"10월 달이야."

"쌀쌀했겠어요?"

"9월 달이야. [통역: 여기 도착하니까 11월 달이었어요.]"

옆에서 지켜보던 안일 박사가 들려준 이야기는 다음과 같다.

"아, 비도 오고 그렇죠? 그게 사는 게, 그것 오는데 어느 정교장(정거장)에 와서 부슬기가 거기 서잖겠어요? 거시기는 자기 그릇을 씻어, 그릇을 가지고 다 나갑니다. 거기 나간 다음에는 차트(기차)에서 뜨거운 물, 뜨거운 물, 부슬기에 있었습니다. 거기서 그 뜨거운 물을 그것 받아서 가지고 오고. 그냥 거기다가서 그 다음에 떡도 거기서 싸서 거기다 그저 물에다가, 물에다 그저 먹고. 빵을 그냥 먹고. 소화를 해서.

그거 한 소년이 와서 보니 어디에도 부슬기에 변소간이 없지. 찾아보니 그저 변소간이 없어서, 사람들이 그저 막 달려 나가서, 그저 아무데나 그저 막 여자고 남자고 그 부끄러운 것 모르고, 뭐하든. [청중: 없지. 바쁘지. 바쁘다니까.]

그래 어른들이 한 분이 소화를 못 시켜서 며칠 그냥 앓았어. 빵 좀 먹지 못하지. 하필 기운이 없어서 그것도 부슬기 올 적에 그 문을 이렇게 열고 막, 그 문이 열고서 앉아서, 변소간에, 그 근처에 이렇게 앉아서 있었는데. 그 사람이 맥이 없어서 거기서 떨어져서 그래 잉 그래서 죽었지."

"그렇게 고생하셨어요?"

"예. 그런데 그런 줄 왜 아느냐면, 다른 차에 와서 그 먼 데 와서 부슬기 전체가 파손이 돼서, 그 네크란 데서는 사람이 죽어 상세가 났습니다. [청중: 상세난 사람이 많았지.]"

"그렇게 고생을 하신 줄은 정말 몰랐습니다."

"우리가 말을 안 했으니까. 이렇게 여러 사람들과 말을 해야 알지.

이 사람들은 다 알지. 그리고 그 사람들은 몇 사람만 만나서 그들과 말하고 가서 그냥 확 찍어 가서는, 서울에 가서 '아 그렇구나.' 아주 나쁜 놈들이야. 허허"

진보협회 어른들과 한없이 이야기를 하고 싶었지만 이분들이 바쁘다고 하여 대화는 여기서 끝나고 말았다.

제 2 장
중앙아시아에 도착해서 정착까지

중앙아시아에 도착해서 정착까지

1. 도착 당시의 현지 상황

러시아 측 기밀문서 자료에는 러시아 한인들이 중앙아시아로 강제 이주된 내용이 소상히 나와 있다. 이 자료들은 앞에서 밝힌 대로 이미 번역 출간되어 있다. 여기서는 고려인들을 중앙아시아로 보낸 명령서와 도착 현지에서 러시아에 보낸 보고서 중 현지 도착과 관련된 내용을 발췌하여 당시 현지 상황이 어떠했는가를 살핀 다음에 우리가 면담한 고려인들의 진술 자료를 제시하여 그 상황을 확인하도록 한다.

전 소연방인민의원회의와 공산당중앙위원회 명령(No.1428-32ss) 1937년 8월 21일자의 이주 관련 내용을 간단히 소개하면 다음과 같다. 이것은 소연방인민의원회의 의장 몰로토프와 전 소연방공산당중앙위원회 서기장 스탈린에 의해 발송된 문서이다.[9]

---

9) 블라디미르, 앞의 책, 34쪽.

이 문서에 의하면 카자흐스탄공화국과 우즈베키스탄공화국의 인민위원회의는 이주 지역을 즉시 지정하고, 이주민들의 새 거주지에서의 산업·주거 단지 정비 작업과 이에 필요한 원조를 제공해 줄 수 있는 보장책을 세우라고 했다. 그리고 교통인민위원부의 극동지역에서는 카자흐스탄공화국과 우즈베키스탄공화국으로 이주하는 한인 및 그들의 재산 이전을 위해서 극동지역 집행위원회의 신청에 따라 호송열차 차량을 적시에 제공할 것을 보장하라고 하였다. 그러나 수송열차의 사정이나 도착지의 실제 현실은 그렇지 못했다.

또한 소연방인민의원회의 명령(No.1647-377ss) 1937년 9월 28일자의 극동지역의 한인 이주에 대한 내용10)을 보면, 소연방인민의원회의는 극동의 전 지역에 남아 있는 한인들을 모두 이주하되 1937년 10월 이내에 절차에 따라 실시하고, 카자흐스탄공화국 1차 이주와 마찬가지로 우즈베키스탄공화국으로 1만 2천 가구를 이주시킨다고 되어 있다. 그리고 여기에 소요되는 건축자재와 기금을 우즈베키스탄과 카자흐스탄 공화국의 청구에 따라 지급한다고 되어 있고, 이주민 지원을 위해 각각 공화국에 화물차 60대씩, 경승용차 M1 3대씩, 트랙터 45대씩 그리고 취사차 60대씩을 즉각 조달한다고 되어 있다.

그런데 타쉬켄트 내무인민위원부 자그보즈진이 수신자로 되어 있는 1937년 8월 24일자 예조프 보고 서류11)에는 새 이주지에서 한인들의 경제 및 주거 생활 기반을 보장하고 이를 지원하기 위한 모든 대책을

---

10) 앞의 책, 34쪽.
11) 앞의 책, 39-87쪽 참조

수립해야 한다고 하면서, 한인 이주를 위해 살기 편한 지역을 지정해야 한다고 했다.

그리하여 3만 7천 명의 인원을 수용하기 위해서 우즈베키스탄공화국 인민의원회의는 9월 16일자 결정에 따라 위원회를 신설했다. 하지만 이 위원회 의장인 구레비치(우즈베키스탄공화국 인민의원회의 부의장)는 이 업무의 중요성을 인식하지 못하고 무사안일을 드러냈으며, 이 문제에 대해 단 한 차례의 토론도 하지 않았고, 유관기관들에 아무런 지침도 내리지 않았다. 그 결과 이주민들의 전입에 대해 전혀 대처하지 못했고, 하차한 이주민들이 그대로 길바닥에 나앉을 위험에 처해 있었으며, 총 720가구를 수용 가능할 정도로 예산이 충분했음에도 불구하고 임시건물(가건물) 건축, 구 건물 보수공사, 여유 공간 발표 등이 이루어지지 않았다고 보고되어 있다.

우즈베키스탄공화국 내무인민위원부 국가보안국 미르자출방첩부 부장 국가보안 중사 크냐제프의 보고서[12]에도 고려인들을 위한 갈대와 천막으로 만든 임시막사는 1가구당 한 채씩 배당하는 것으로 되어 있으나 아직 준비가 되어 있지 않았다(당시 천막으로 제조한 막사 비용은 약 150루불이었음.). 뿐만 아니라 현지에 필요한 지원 조치(응급치료 장비, 끓인 물, 빵 등의 공급)가 취해졌으나, 콜호즈에는 주거공간이 없고, 갈대 천막으로 집을 짓기에는 일정한 시간이 필요한데 현재 주택 공급 상황이 좋지 않다고 하였다. 그리하여 일부 이주민들은 창고와 트

---

12) 앞의 책, 57쪽 참조

랙터 반의 간부 건물에 배치되었고, 이주민들 중에는 홍역을 앓아 격리된 환자들도 있었다. 이런 상황 속에 연료며 급수 사정마저도 좋지 않았다고 보고했다.

그 외에도 제1차 호송열차로 타쉬켄트에 도착한 한인들은 이주한 뒤에 주로 주택 부족에 대해 불만을 토로했는데 한인 김방화 같은 이는 "여기서 죽으라고 우리를 이곳으로 데려와서 되는 대로 내버려 두었다."[13]라고 말했다. 이주 수송을 맡은 관리들은 이동 중에 먹을 것을 살 돈이 없게 되면 이송 시 문제가 야기될 수 있다고 염려하고, 공중위생 대책을 실시할 자금도 없다고 하소연하였으며, 요청한 의료진이 도착하지 않았고, 의약품과 응급품도 턱없이 부족하였다고 했다. 이주민들이 머물 농장 부속건물(마구간, 외양간, 돼지우리)이 대부분 겨울 이전에 완비될 수 없었으며, 난로와 문이 없고, 지붕은 방한 기능을 하지 못했다. 가건물이 지저분하였는데 남부 치르치크에서는 소 분뇨를 치우지도 않은 채 한인들을 외양간에 배치하였으며, 가건물의 부족으로 이주민들이 노숙하기도 하였다. 또 남부 치르치크 파스트다르곰의 이주민들은 방한복, 방한용 신발, 겨울용 침구가 없는데도 생활용품 매매가 전혀 이루어지지 않았다고 했다. 또한 의료서비스가 제공되고 있었지만 크게 부족하였고, 주거환경이 비위생적인데다가 일반 대중은 월동준비가 전혀 안된 상태였다고 했다. 그리고 문교인민위원회가 일을 제대로 처리하지 않아서 이주학생들의 전학 문제가 미결

---

13) 앞의 책, 58쪽.

상태였고, 한인학교는 개교에 아무런 준비가 이루어지지 않아서 학업을 중단해야만 했다고 보고했다.14)

이런 자료에 의하면 고려인들은 1937년 8월 하순부터 러시아 원동을 출발하여 9월, 10월에 걸쳐 중앙아시아 지역에 도착하였다. 그렇지만 그들의 명령서나 보고서에 나와 있는 깃처럼 모든 것이 제대로 이루어지지 않았다. 고려인들은 중앙아시아 국가에서 제공한 집단주거지에 일단 정착하였으나, 그 상황은 매우 열악할 수밖에 없었다. 이런 이주현실에 대해서 사전에 알았고, 준비할 시간이 충분했었느냐는 질문에 대해 고려인진보협회 위원들은 이구동성으로, "그건 누구도 몰라. 아무도 모르고. 아무것도 모르고 그저 3일 전에, 3일 전에만 준비하라고 했는데, 얼마나 걸리는지 그건 말을 안했어."라고 했다. 이처럼 중앙아시아 지역으로의 고려인 이주계획은 철저히 비밀로 추진되었다.

이제 고려인들이 실제로 목격했거나 부모로부터 들었던 이야기들을 중심으로 도착 당시의 현지 상황이 어떠했는가를 살펴보자.

러시아 원동에서 중앙아시아로 올 적에 제1차 이주민들은 카자흐스탄에 도착하였지만, 그 다음에는 우즈베키스탄 타쉬켄트에도 도착하였다. 이때 도시사람들은 카자흐스탄에, 농촌사람들은 우즈베키스탄에 보내졌다고도 말했다. 그런데 카자흐스탄으로 갔던 사람들 중에는 그

14) 앞의 책, 68-69, 78, 82, 86-87쪽 참조.

곳의 환경이 열악하다고 여겼기 때문에 자연환경이 좀 더 나은 우즈베키스탄 지역으로 옮기기도 하였다고 했다. 심 이반이 바로 그런 사람 중에 한 분이다.

낯선 땅에 도착한 고려인 가족

"할아버지는 카자흐스탄에서 몇 년이나 계셨어요?"

"37년도 9월 달에 들어와서 카자흐스탄 카라칸다라는 곳에 내가 왔지. 콜호즈에 한 해 동안 살다가 38년도 9월 달이나 10월 달인가에 떠났지. 거기에서 한 해 동안 우리 어머니가 나를 데리고 있다가, 그 다음에 여자 혼자 몸에 살기 바쁘고, 아들을 돌보기 힘들고 하니, 나의 친척들 싹 우즈벡에 오는 날까지 38년도. 여기 이주해서 살고 그래

가지고."

"어머니 모시고 혼자서요?"

"어머니가 나를 데리고, 열한 살 때."

"할아버지, 혹시 카자흐스탄에 계실 때요, 러시아 사람들이 고려 사람들을 한 곳에다가 모아놓고서 다른 데로 자유롭게 왔다갔다 못하게 하고 거기서만 살게 했어요?"

"아니야."

"그럼, 카자흐스탄 안에서도 왔다 갔다 했어요?"

"아니야. 그게 그렇단 말이야. 그게 어떤 사람들은 그렇게 할 수 있어. 가지 못하게, 한 곳에다가 몰아넣고 차출하는 게 한 가지야. 어째 없었는가? 그때 한 사람(가족)에게 610냥(루불)씩 주었다고. 610냥씩. 그 돈 다 썼단 말이야. 한 달 썼지. 그 돈 다 쓰고 나니까, 우리들이 하루에 벌어먹고 산단 말이야. 그 어딜 가자 하는데, 카자흐스탄 사람들 어디 가자는데 돈이 없지. 돈이 없으니까 가지를 못하지. 그러니 가지 못하니까, 한 고을에서 그대로 죽지. 그래 그 마을이 카자흐스탄 사람들에게 가지 못할 형편이 돼서, 찾아가자니 돈이 없지. 그래서 그만 일만 했어."

▌황무지 깔 밭을 마주한 고려인

타쉬켄트 주 뽈리타즈 조루트밀라 식당에서 황 안드레이(70, 남)가 러시아에서 이주할 당시부터 우즈베키스탄으로 이주해 와서 지낸 어린 시절의 생활에 대해서 들려준 것이다.

황 안드레이

러시아에 1929년도에 들어왔어. 그 전에 여기 와서, 러시아 여자들께 서방(장가) 가서 자석(자식) 낳고 그래. 그런데 이 양반 아버지도 여기 사니까, 그래, 러시아 더트레리아 주, 23년에 다 들어왔다고. 그보다 더 먼저 들어온 사람도 있었겠지, 나는 그 역사를 모르겠어. 그래. 여기 떠난다니까 그전에 몰랐지. 이런 곳이 있는 것 중앙아시아.

여기 들어올 적에 양반들을 거기서 우리 큰아바이랑 우리 아바지를 싹 거기다 남가 놓았지. 그쩍이는 각 콜호즈로 가까운 사람들을 이 원동 크로물(?)에서 들어온 사람들 여기다 모셨지. 가까운데 여기. 그러고 집들이 읎어서 땅굴을 파고서 살았지. 집들이 없다나니, 지금도 무척 땅이 읎었습니다.

올 적이 그저 밤에 '싹 떠나가라.' 하니까, 원동에서 떠나는디 어떤 집에선 어디 갈 곳 모르고 쌀 한 포대, 그리고 소소한 이북(의복) 가지고 그래고 나왔습니다. 그게 바쁘게 살았지, 처음에 이국에서는.

옆에 있던 허일(78, 남)이 거들었다. 우리는 카자흐스탄으로 안 가고 바로 일로(우즈벡) 들어왔지. 윈동에서 살 때가 여섯 살 때니까 기억이 나요. 윈동 일이면 그저 우리 아버지 고향이지. 여섯 살 때 여기 와서는 동무들이랑 뭐하고 놀았느냐면, 뚝베기(?)도 놀고, 그저 저 꼽추대기도 놀고, 고저 어디를 나갈 데 없어. 활동사진도 없었지. 고저 깔 밭(갈대 밭)에 고저 모기가 가득하지. 모다 앉아서는 죽을 써놓고서 먹을라면 먹구 고저 그래. 그리고 물고기 많았습니다. 그전에는 깔이 많다 놓으니, 물이 있다 놓으니 고기잽이도 하고, 고저 그렇고 잘 놀았지. 그래 여기 이 양반들(우즈벡 사람들)은 물고기(메기, 가물치 등)를 그저 아니 먹었어요. 그 우즈벡 사람들이 고려 사람들 보고 귀신이라 그랬어. 시방 놀라서, 우리가 장 나서면 어렸을 적에 "우리네는 사람도 막 붙들어다 잡아먹는다."라고 하니까, 이 양반들은 놀라서 그저.

깔 밭

우리네 여기 사는 사람 있다고, 카자흐스탄에는 도시에 사는 사람이, 카자흐스탄에는 이래 농촌에서 살았던 조선 사람이 별로 없었습니다. 조선 사람(고려 사람)이 없고, 다 시내에 사는 사람 데려다 놓았기 때문에 어지간한 건 다 모를 수 있습니다. 옴수리에 가서 보면 거기 조선 사람들이 있었거든. 그래 거기 사람들은 다 시내에 사다나니까 얼마 안 되지. 묵살되었어. 처음에, 37년에 카자흐스탄에 왔던 사람들도 고생 엄청 했을 거여. 카자흐스탄에 왔었던 사람들도 처음에, 37년에 카자흐스탄에서 살던 사람들은 고생 많이 했지요. 처음 그러니까 고상 많이 한 거는, 그저 기차 들어와서도 부려 놓구, 차채로 여기다 부려 놓구. 거기 와서 부려 놓으믄, 그거 때 구역에 사람들이 "어느 조합에 몇을 받아라." 했지. 조합, 지방조합에. 기래 고저 차로 싣고 들어가서 이 집에 한 칸, 저 집에 한 칸 이래 살았지. 그래 조선 사람들이 거기 왔다.

치르치크 강 지역에, 거기 고려 콜호즈 아만간, 아방가이 강. 아아, 그 조합에서 무신가 여기다 이래 심으라고 하니까, 그 사람들 거기서 동막집 지어 놓고서리, 어저(이제)는 다 시내와 다름없지요. 그래도 베를 심어놓으니까, 첫자(첫째)로 베를 심어놓으니까, 멧돼지도 들어왔다고 하니 몇 사람 그래 고생했지. 그래 거기부터 차츰차츰, "어디매 좋다, 어디매 좋다." 이래, 서로 기별 듣고 자기 직접 따라 오다나니까 다, 그래도 고려 사람이 중앙아시아에서는 우즈벡에 제일 많습니다. 우즈벡에 온 사람은, 17만 명 사람들이 전부 다 여기 들어왔지. 480천

호가 우리 소련이 살았대요. 고려 양반들이, 그전에 그 다음 점점 떨어져 다니드니, 이제는 우즈벡에 많이 왔어. 타쉬켄트 치르치크 구역으로 농민들이 그저 깜깜한대루.

내 앞에두 말했지만, 그전에 우리 저 스탈린 그 양반이 전쟁 나니까, 우리가 일본인과 비슷하다고 일로 보냈지만, 중국 사람도 우리 조선 사람과 비슷한데 어떻게 우리만 그렇게 차이가 나겠는가.

▍움막과 토굴에 살면서 농지를 개간하다

1937년 원동에서 이곳 중앙아시아로 강제 이주되어 처음 도착한 곳은 황무지 그대로였다. 사람들이 거의 살지 않은 소금 땅이나 갈대밭으로 정착하기에는 아주 어려운 곳이었다. 일하기 좋아하는 고려인들은 이곳에 벼농사를 짓겠다며 갈대밭을 베어내느라고 고생을 많이 하였다.

깔 밭과 강 사이에 서서

타쉬켄트 주 김병화 마을 노인회관에서 고려인 이재환(85, 남)에게 들었던 '깔 밭에서의 일어난 일화'들은 제보자의 걸걸한 입담에 웃으면서 들었지만, 한편으로는 우리들의 마음을 숙연하게 하였다.

도착해서 깔 밭을 개간하는 고려인

이곳에 도착하였을 때 뻘이란 것이 여기 있을 적에, 이곳에 베(벼)라
것을 심구라는 것이다. 그런데 이곳은 오란(오직) 깔밖에 없는 데에 벼
를 심었다. 그런데 일을 할 때, 일하는 곳을 찾을라고 하였지만 못 댕
겼어. 우리 어머니랑 때가 되어서 아침이랑 가지고 함께 어시(어른)들
이 있는데 갔는데 못 찾아 갔어. 그리고 이 몬토베볼(?)도 한 짝에 와.
그리고 몰로스이란 진딧물이 들어와. 그리고 물이 이렇게 바다와 같이
많아서 여기를 걸어서 못 들어와. 콜호즈 못 들어와.

"물이 많이 깊어서요?"

"엉. 옛날에는 이 곁탱이에 청개구리가 댕겼어. 왜냐하면 물이 많이
있어서."

"물이 많았어요?

이때 노인회장이 말을 거들었다. "물이 많이 있고, 깔이 많이 있어서."

"그래, 베(벼)가 와서, 이것 싹 베(베어) 갖고 와서. 그래도 우리 보트
타고 이런 게 없었어."

이재환은 계속해서 깔 밭에서 일어난 이야기를 해 주었다.

"깔 밭에 있었던 일에 대해 좀 더 얘기해 보세요."

"거기서 와서 계속 있는디."

[노인회장: 아바이, 깔 밭에서 있었던 일 애기해 보라우.] [청중3: 배
에서, 거기서 이야기하라우.]

깔 밭 개간

"내 그때 깔 밭에 있는데 열 받죠."

"그 이야기 좀 해주세요."

"사람이 싱거웠어. 그 깔 밭에 이곳에 한 패 여기 한 패. 그 깔을 먼저 베서(베어)야지. 그것은 내 아홉 살 때 일이지."

[통역: 깔이 아주 많아서 거기 그 구역의 한 사람이 여기까지 못 들어왔대요. 바람이 너무 많고 물도 많아서 못 들어왔대요.]

"우리 내가 아(어릴) 때는 몰랐어. 아버지 베 밭에 가서 일을 하면 찾지 못 햐. 어시들의 밥을 가지고 가야 되지. 요쯤 깔 밭에 가서 찌웃(끼웃), 저놈 깔 밭에 가서 찌웃. 우리 먹을 밥을 들고요. 아이들이 갖다 줄 수 없어서.

　[통역: 갖다 주려고 하는데 사람을 못 찾았대요.]

　"깔이 아주 깊어서 그랬나요?"

　[청중: 아버지를 얻어 보지 못해서.]

　"아버지를 얻어 보지 못 해서요. 즉, 점심을 가지고 갔는디, '아버지! 아버지!' 하는디. 어느 깔 밑에 가시, 깔이가 이만씩(닷자루 크기 정도 손으로 표시하며) 했다. 이만씩 큰 게 이런 게, 요즘 작대기 같은 거. 오도(?) 날 안 썼지. 알지도 못하는데 아버지한테 가져가야지. 그래 가지. 뭐 어디 쟁여 있나 찾아가서, 저기 이게 싹 물덩이다가 해 놓으니까. 좌우 낯 그래 아침이 그랬지. 그러니 이것 어떻게 이렇제."(일동 웃음)

　진보협회에서 만났던 고려인 노인협회의 한 사람인 허 세르게이는 정착과정에 있었던 어려움에 대해서 다음과 같은 이야기를 들려주었다.

　여기로 와서 차에서 내리니까 땅, 차에서 내리니까, 여기 지금도 느끼거든. 내 나이 여든 두 살 못 돼. 여기 다리를 넘어올 때, 그 내려오던 그게 그 책에 있어서. 그 기차들이 와서 두는, 우리는 이 내린 것을 다 알지요. 그때가 열두 살이었으니까. 거기서 우리를 실어서. 식솔, 식솔 마시나(기차) 앉아서 떡 가져갔지 뭐. 데려다가, "여기서 살아라." 말이야. 여기 살으라 하니까, 거기 우즈벡 측이 또 있지요. 그 살데가 없지. 그래나서 땅에다 굴 파서 그것, 여기 네 집이 굴 파고서 그래고(그러고) 거기서 살았지 뭐. 거기서 어 한 일 년 살았지.

노인협회의 다른 위원은 도착지에서의 주거생활에 대해 이야기해 주었다.

도착 당시 지은 깔집 움막

뭐, 나는 코카사드란 도시에서 살았는데, 그래 카자흐스탄 노졸산리 이런 도시 있습니다. 쪼그만 도시. 거기서 걸어서 거분(거의) 한 날(하루)을 갑니다. 그 시르다리아 강가를. 룸살리 역에서 시르다리아 강 옆에까지를. 우즈벡 여기서는 그저 집을 우즈벡 사람들이 내줘서 거기서 살았지. 거게(거기)를 떡 가니까. 우리 큰아매. 아주바이(아주버니) 사는 게, 그 치르다르 강 옆파리다가서(옆에다가) 땅을 이렇게 파고에, 물질로 이 부석(부엌) 러시아식으로 맨들고, 거기서 사람이 이렇게 땅으로, 땅굴로 이렇게 거기다가 이렇게 해서.
아 그런디 내가 가서, 그게 봄이었지. 봄에 시르다리아 강가에 그게 막 그 저, 그 시르다리아 강 옆파리다가서 집을 짓고, 그 땅굴을 맨들어 놓은 디서, 그게 저건 한정 없이 됐더만. 거기 싹 다가 그것 물 밑으로 들어갔어. 물 밑에 땅굴 속에. 그런디 우리 땅굴 조금 높은 디에, 높은데 거기서 제 때에 그 사람들을 도와주어서 소리치매 그냥 건너온나. 안 나간 그 물이 요만한 디를 넘어 나가거든. 거저 집을, 그저 막 끌어안고선 거기서 나와선, 그 벌판에 기어나갔어.

그때가 봄이라서 그게 3월 날이었지. 3월 날에 여기 치브치크 여기다 그게 전신이었지. 그래도 카자흐스탄, 우즈벡 사람들이 그 당시에 친절해서 떡을 주지. 이불 주지.

"많이 친절했던 것 같아요."

많이 도와주었어요. 그 사람들 도움이 없었으면 어려웠을 거요.

다음은 진보협회에서 안일 화가가 우리에게 김병화 농장에 다녀왔느냐고 물으면서 들려준 이야기가 있다.

'독상'을 봤느냐는 물음에 우리는 김병화 박물관 앞에 있던 김병화흉상을 봤느냐는 이야기로 알고 그것을 봤다고 했더니 그것이 아니라고 했다.

"그 김병화, 그 조합에 갔다 왔었지?"

"네, 갔다 왔습니다."

"근데 거기 이런 독상 있던가?"

"예, 동상 있었습니다."

언덕(독상) 아래에 토굴

　"아니, 동상 그거 말고, 독상(독산?) 큰길에서 갈 때 거기 독상이 여기, 그 앗다 무골이 있었어. 고려 사람들이 그때 싹 다 그 새로 왔을 적에, 그 바닥 그게 싹 다 깔판이었습니다." [옆에 있던 분이 답답해하며 '갈대 숲 옆에 있는 언덕'이라 일러준다.]

　"아 갈대 숲. 네, 네. 그런데 독상이 어떻다는 겁니까?"

　"깔판에 물이 있고, 그 위에. 그래 사람들이 살 데 없어서, 거기 독상이 있지 않았오? 그 독상 바로 거기다가 구멍처럼 땅을 파고서 거기서 그렇게 살았습니다. 그래서 거기서 조금 나가지고는 구멍살이 했어, 구멍. 지금도. 그게서 기지를 발휘했어. 그저 사람들이 그저 37년도 38년도에 난 아이들은 싹 죽으면 그대로 거기로 가재다(가져다)가 막 파묻었어.”

“그러셨어요?”

“네. 고려 사람들이 37년도 38년도 난 사람들이 조그만씩 하고, 조금씩 됐으니까, 아들이 싹 죽어서. 그 독상, 그때 그런 그 독상. [통역: 독상은 작은 산이에요. 그 해에 아이들이 거의 다 죽었대요.] 고개, 고개 옆을 막 파내고, 그 갈대로다 의지를 해 가지고. 비 오면 그 무슨 비닐, 그 지붕 갈대다 하고, 그러고서 몇 달간 났어요. 몇 달간 났지. 그 다음은 그 거기 농장, 거기를 우리에게 줬단 말이여. 첫 달이 그 11월 달. 한 달 우리 고생했어요. 거기서.”

구이치르치크에 사는 문 리사도 “처음에 고려 사람들이 들어오기 전에는 여기가 사람들 안 살았어요?”라는 질문에 대답하기를,

내 55년에 오니깐다 집에 몇 개가 이래 있었는디, 우리 55년도에 와서 깔 갖다가 베서 요렇게 묶어서 집을 지었지요. 깔 집을 이리 졌는데, 한 칸 들이 이렇게 졌는데, 한 식술들 한 칸 들이 이렇게 자게 매시랑케(만들었지) 두 칸씩만 게 이렇게 졌지. 그래서 그게 사람이 쉽게 서이나 니이나, 사람이 그것 다섯 여섯이면 두 칸 들이 졌지. 그래서 싹 내려 왔지.

그 다음에 깔 집에 살면서리 이런 큰집들이 일궈 놨지. 그래 55년도 깔 집을 짓고, 56년도에 이거 세우게 됐지요. 그래 56년도에. 그

다음에 이쪽으로는 저쪽으로 그렇게 맨들었어. 그래 이쪽으로는 예순한 해 땐지 졌지.

집단촌을 형성한 흙벽 움막

그 다음에 천연 사람들은 넓고 좀 크므로, 이게 예순 어느 해이던가 핵고(학교), 여기 핵고 또 그렇게 짓지. 그러다나니 그때는 쫌 길 꼬도 다란게 시방 회계, 그게 무슨 그런 사람 다 앉아서 문서질 하는 거요. 어쩜 마사져서(부서져서) 그 집을 졌지. 그 다음에 이짝에 저 외국에서 나온 엔베에서 나온 사람 이 맞은 짝에 짓지. 청계비로 그것은. 그 다음에 이 유치원을 또 여기다 졌지. 그러다나니까다 고저 뱅뱅 돌아 이게 다 있었지.

김병화 마을 노인회관에서 김 니콜라이 벤허노비치가 들려준 이야기는 정착을 위해서 집을 지을 때 일어난 이야기로 '집 짓는 목수들이 잡혀갔다.'는 것이다. 이야기 속에서 고려인들의 어린 시절에 대패질 할 때 나오는 대패 밥을 가지고 놀고, 못치기 놀이를 한 흔적을 볼 수 있어 흥미롭다.

고려인 주거지

마지막으로 39년부터, 아니 39년까장. 그런데 우리 농장인데 거기서 그때 모두 집에서 건축을 하지. 집을 건축하는 목수도 둘이 됐지. 우리 아이들은 그러면 저것 대패 밥이 있잖아요. 대패 미는 그 구들을 나오잖요. 그런 게 가지고 장난치지. 그러고 못도 거기서 거뺴, 얻어 가지구서 못치기를 하지. 게 그때는 그런다고 욕하지. 그런데 그 날은 가지고 가든, 가지고 오고 말겠으면 말고, 둘이 앉아서 간단히 하면서 얘기를 하는 기, 그렇거든. 아 그러다가 집 짓는데 보름도 안 되었는데 시커먼 자동차가 와서 "그것 싹 막음 지었소?" 그런게. 와서 그 사람들 둘 그저 즉방으로 데려가서, 그 사람들 데려갔단 말이여. 데려가면 그래가지고 거기 가 죽었지 뭐.

그것 바로 그때 39년, 40년도였어요. 내가 알기로 그때에 그게 마감이요. 언제든 그랬어. 그리고서 그 다음에는 아니 그랬오. 딱 41년도 맞이하면서 없었어. 그리고 우리 아버지도 일생 동안 저 감옥 앉아 있었어. 그리고 김병화는 그 전에는 쟁교(장교)로 군대에서 일했어. 6개월 동안 감옥에 앉아 있었어. 아무 죄도 없으니까다 군대 가서 내 보내면, 그 감옥에 내보내며 당 책임 추궁 이름 아니 받았어. 그래 책임 교관.

고려인들이 우즈베키스탄에 정착하는 과정에서 집 짓는 기술자처럼 능력 있는 고려인들은 붙들려갔다는 것이다. 이유는 알 수 없지만 이렇게 붙들려 간 뒤에는 결국 감옥에서 죽게 되었다고 했다.

▌남자보다 여성들의 고생이 심했다

김 니콜라이 벤허노비치가 계속해서 들려준 이야기에는 이주 당시에 여자들의 고생이 말이 아니게 심했다고 했다.

시방의 여자들 편안하오. 아무것도 아니라고. 이주하여 정착 과정에서 남자보다 여자들이 고생이 더욱 심하였다. 왜냐하면 남자들은 일만 하면 되지만, 여자들은 밭일 하기는 물론이고 때걸이(끼니)를 마련하여야 하고, 아이들 돌보기 등을 하여야 하였다. 이렇기 때문에 여자들이 쉬덜(쉬지를) 못하였다. 예전의 여자들은 어린아이를 하나 업고서 바위(절구)를 떡메 찌어 먹고, 구렁물 물가에서 무엇을 해대다가 고루고루 먹이고, 깔을 뗐다. 지금 아(아이)들이 알겠소만은 옛날에 고려 사람들이 쩰깰이(뜸뜸이) 아를 다시 불렀어(업었어). 다리가 이렇게 오다리 되었지. 지금은 안고 댕기니 다리 꼿꼿하지.

그리고 전쟁 때에 낳은 사람은 키도 즉(작)지만 전쟁 이후에 낳은 사람들은 키도 크지. 그런데 강제이주 직후에 낳은 사람들은 먹지도 못하고 자라지 못하였지. 그리고 시장(지금)은 가스를 활용하지만 옛날에 깔을 베어서 부엌에다 땠지. 그러니 여자들이 그기를 들고 부엌의 아궁이 넣고 때 밥을 해서 먹으려니 얼마나 힘이 들겠어. 그렇게 고생을 하였지.

이처럼 고려인들은 남의 땅에서 살다가 보니 서러운 것이 많았다. 이에 대한 구체적인 설명은 없었지만, 도착한 처음에 고생하였던 일들이 그에게는 주마등처럼 지나간 듯이 이야기를 이어갔다.

2. 정착 과정

고려인들은 우즈베키스탄에 도착한 뒤에는 치르치크 강을 중심으로 정착촌을 형성해 갔다. 치르치크 강은 타쉬켄트 주 북동쪽에서 시작하여 남서쪽으로 흐르는 강으로 고려인들이 정착하는 데 필요한 물을 풍부하게 제공하였다. 치르치크 강 상류를 엘스니 치르치크라고 하고, 이곳에는 시온고 마을을 비롯하여 황만금 마을인 뽈리따즈가 있다. 그리고 중류인 스레지니 치르치크에는 김병화 농장이 있다. 마지막으로 하류는 구이 치르치크 또는 뉴스니크 치르치크라고 부르는데, 따사우, 지미뜨로 콜호즈 등이 형성되어 있다.

문 리사는 이곳 지명이 자주 바뀌었다고 했는데 그것은 소비에트 연방이 붕괴된 뒤에 우즈베키스탄이 독립되면서 그렇게 된 것이라고 했다.

허 세르게이는 러시아 원동서 이쪽으로 오기 전에 바다에서 고기잡이 일을 했다. 그래서 이주한 뒤에는 아랄스키몰에 있는 세이어마이크 로라는 조합에 소속되었다. 그 아랄스키몰은 메르코 호수 근처에 있었는데 전에는 그 호수에 물이 많고 넓었다고 했다. 그를 포함해서 이주민들이 그곳에 갔을 적에는 호수가 얼음으로 싹 덮여 있어서 배가 다닐 수가 없었다. 그래서 사람들이 배에서 내리지 못한 채 일주일 동안 지내게 되었다. 그런데 사람들이 떠들어 가지고 아랄스키몰에서 허가를 받고서 이곳 우즈베키스탄의 타쉬켄트로 왔다고 했다. 그의 진술을 직접 기술하면 아래와 같다.

"그 사람들이 거기서 일을 못 하지. 어디매 가질 못 하지. 돌파해야지 그게. 돌파해가지고 뭐 친척이 하나도 없지. 그래 그런데 그저 나라에서 그거 알지. 하며 그 사람들을 아랄스키몰에서 카자흐스탄 거쳐서 여기 우즈베키스탄으로 데려왔단 말이야. 그래 여기 와서 조합이 그 사람들이 바다에 고기잡이만 하고 일하던 사람들이, 여기 와서 그

깔판(갈대)을 그거 전체를 없애고 베(벼)를 심으고, 그 다음에는 차차차 위로 더해서 목화 심으고 그랬지."

"농사는 주로 벼농사와 목화농사만 하고, 배추농사나 무농사는 안 했습니까?"

"다른, 그저 벼농사, 그 목화. 그리고 다른 거 조금씩 집 앞에다가 그냥 채소해서 먹고 살았고. 고려인들은 처음에 벼농사를 하다가, 그 다음에 차차 벼를 없애고 목화를 심었지요. 목화를 심으고, 베(옷감) 짜는 삼은 어찌되는지 모르겠는데. 뽈리따즈나 콜호즈 같은 조합이 그런 거 종자를 찾았습니다."

특히 1941년부터 1945년에는 갈대밭을 일궈 벼농사를 짓느라고 고생이 많았다. 러시아와 독일의 전쟁 중에는 고려인들이 개간한 땅에서 벼를 수확하여 국가에 도움을 주기도 하였다. 고려인들이 일을 잘했기 때문에 경제 형편도 나아지고, 국가에서도 도

영웅 메달

와 주었다. 그렇게 노력해서 26명이란 노동영웅이 나왔다. 그들이 처음 도착하였을 때는 날씨가 추워지는 겨울이었으므로, 집이 없어서 땅굴을 파고 사는 사람도 있었다. 이런 어려움을 극복하고자 노력한 덕분에 김병화 콜호즈에서만 26명의 노동영웅이 나왔다는 것이다. 영웅이 되기 위해서 노력한 것이 아니라 일해야 먹고 살 수 있었기 때문

이었다. 이렇게 노력하여 1960년대에는 여러 가지를 갖추고 살았다.

▍말라리아에 걸려 죽도록 고생하다

이주하는 도중이나 이곳에 도착해서 병으로 많은 고려인들이 죽었다. 또한 고려인들은 적성국가 민족으로 각인되어 감시와 탄압도 받았다. 이곳으로 이주한 직후 고려인들은 고려 말을 버리고 러시아 말을 사용하려고 하였으나, 러시아 말은 물론이고 이곳 지방민족들의 언어들을 몰랐기 때문에 고생할 수밖에 없었다. 거기에다가 말라리아와 홍진이 번져 아이들은 물론이고 노인들도 이런 병으로 고생이 심했다.

진보협회에서 만난 안일 화가의 말에 의하면, "여기 이렇게 죽지. 키니네 약을 구할 수가 없어서 많은 사람이 죽었오, 그 적에는 그 약도 몰라서. 약을 먹지도 못했다."고 했다. 그도 어렸을 적에 말라리아에 걸려 죽었다가 살아났다고 했는데, 그때 그의 나이가 아홉 살인가, 열 살 때였다고 했다.

김병화 농장의 김 니콜라이 벤허노비치도 이와 비슷한 증언을 하였다.

"그때 할아버지 나이가 몇 살이었어요?"
"나, 그때 일곱 살."

[청중1: 나도 그때 그 나이었지. 청중2: 고생 많이 했어.]

"그때 우리 고상, 그래 그때는 그 옛날이오. 그것이 들어와서 완전히 3년인가 얼마인가 벵(병)이 났어, 그 학질이. 아, 학질을 내도 이태 동안 했오. 학질 나면 그 여름이 암만 더운 때라도, 집에 와서 두꺼운 그런 것 입고 있었지만 그래도 떨린다 말이야. 그 병이 할 일 다 하면 그 이튿날 들오(덜 하오). 이런 병이오."

"그때 여기 와서 사신 게 아닌가요?"

"아니오. 전쟁 때 여기 와 살았다오. 그런데 그 약은 무슨 기 있냐 허면, 노란, 노란 약이오. 키니네라고 아주 쓰디쓴 노란 약 줬어. 그래 슬쩍 그것 가져오면 먹지."

"학질 떨어지는 약이오?"

"야, 한 주먹씩 먹었소."

"혹시 학질 걸렸을 때 옛날 방식으로 고치는 일은 없었어요?"

"그런데 우리 의원들이 여기 있잖아요. 침이랑 놓지 않아요. 그런 양반들 많았소. 그것 보게 되면 잡아가. 붙들어 가게 돼. 그대로 그 사정없소. 죄 있든지 없든지 감옥 들어가면 죽었어. 내 알기로 살아나온 기 사람이 서이 떡 나왔어. 및 천 명 더 잡아갔는데 딱 셋밖에. 인제 모르오. 살아나온 게 그래."

김 니콜라이 벤허노비치는 이주 초기 학질 때문에 고생했다는 앞의 말에 이어서 침을 놓아주던 의원이 다리병신이 될 아이를 침으로 고쳐 주었다는 이야기도 들려주었다. 이 이야기를 통해서 고려인들은 그 당시에도 침과 부황을 사용했다는 것을 알 수 있었다.

그렇지. 그래서 우리 침놓은 의원이 있었는데 잘하는 의원인데, 그 의원이 침 아니 놨다이. 누가 그 쪼그만 이유만 대면 감옥 가게 만드는데. 그래 어떤 사람들에게 다짐하고서 아들 게 뵈었다. 그래 가만가만 "더 말하지 말라." 하면서루 이렇게 하지. 그래, 내 무슨 말인가 하니, 우리 그때에 어정(근처)이 그게 47년 때지. 한 6년 된 그때여. 전장 후 일인디,

아들이 그게 자그마한 지붕이 있는 집이 있어요. 지붕에서 올라갔다가 그기 경칠(사고)이 났다. 그 높은 디에서 떨어져. 그런 어떤 장난을 했단 말이야. 거기 아이들이 여나무 명이 떨어진다 말이여. 그런데 한 아이 다리 부러졌단 말이야. 불순(부수어진)게 인제 붓지. 그래 애가 '허허으' 아파하면서. 그래 그때에 갸(그 아이) 몇 살 됐겠는가. 그저 열두서너 살 됐겠지.

그래 그 영감이 요이(요렇게) 턱 보니까다, 아 그래 이 영감이 정말 가만히 생각하니, 갸를 고쳐야 되겠거든. 그래 그 이튿날이 야들이 거기 자리로 또 놀러 왔지, 놀러오니 한 아이를 불렀지. "니, 자, 만약 놀면서 내한테 데려 오너라. 자를 고치지 못하면 한해(평생) 종신(병신)이 된다. 종신이 되니 께까당(바로) 넌, 나(나에게) 데려 오너라. 그래, 니네 암말도 말고." 아이들이 아니 가겠다고 그러면서 내째(도망가)요.

그래, 어른들이 아이를 데리고 거기 갔더니, 이 영감에게 들어가더니 침이 다 준비를 했단 말이여. 그 다음 부황, 불 댕겠지요. 그래 아들 (아이들)게, 야, 저기 먹을 게 있으니게 저기 가자, 저기 가자. 그래, 가서 그 다음에는 그 집에 먹다가, 어시 그 알지. 이곳에 온 것. 어찌 인제 들어오는가. 그래 아들이 다친 아이를 붙들고 들어갔어. 그래 그냥 및 개 놓구서, 그래 지금부터 침을 놓았단 말이여. 및 개 났든지 모르지. 그리고선 침을 놓고선 무슨 기하니, 부황을 했단 말이여. 부황 떠니까다 새카만 피 나왔다고. 그래.

"니 어째 우니? 어정께 니 어째서 우니?"

"어으 아파요."

"아프냐?"

"아이, 아프지 않구만."

"그래 어찌 우냐. 그 침이 겁 나느냐. 그래 어정 서라."

아 서니 떡 슨다 말이여.

"어쨌냐?"

아이 좋은 대리(다리) 댕기다나니 쩔뚝쩔뚝 댕기다나니, 어정 침을 놓으니까장 서서 걸어 가니까단, 썩(떡) 슨다 말이여. 그게 이내들이 한 열둘이 댕긴다 말이여. 그러니까 그 양반이 그 재기 남 고쳐주고 불탈 나면 침 놓았단 말이여.

그래 이 양반이 기차역 가다가니 전동차에 떨어져 잠시 집에 들어와 상세 났다. 이 의원 좋은 일이 영영 그만 끝났다.

▌고려인과 우즈베키스탄 사람들

통역자 안드레이가 고려인들이 당시에 우즈베키스탄 사람들을 어떻게 보았고, 우즈베키스탄 사람들은 고려인들을 어떻게 바라보았는가에 대해서 어른들에게 들었다면서 들려준 이야기다.

우리 고려인들이 여기 와서 아주 멋있는 사람들이라고 했는데, 이 우즈벡 분들하고 비께(비교)를 한다며는 어느 정도냐? 우즈벡 사람들은 바지도 그냥 빨래를 하고 그냥 말리고 그냥 입었데요. 우리 고려인들은 그냥 이것 줄 딱 쳐(세워)놓고 입고 다녔대요.

그래서 우즈벡 사람들은 우리 고려인들을 보고 아주 무서워하였대요. 그리고 애들한테도 "고려인들이 이상한 사람들이니까 가까이 가지 말라"고 막 교육을 시켰대요. 이상하게 보였지요. 복장도 단정히 하고 다니니까요.

이뿐만 아니라 그의 이야기에 의하면 자기 외할아버지와 할머니가 우즈베키스탄으로 와서 살던 곳은 농촌이었는데 그것도 아주 낙후지역이어서 아무것도 안 자랐던 지역이었다고 했다. 그렇지만 고려인들이 와서 채소 같은 것도 심고, 농사를 아주 잘 하였다. 그리고 물도 없었던 지역에서 그쪽으로 물도 오게끔 만들어 놓고. 아주 많이 일을 했다. 그래서 정착하고 얼마 지나지 않아서 우리 고려인 마을들이 아주 잘 살았다고 했다. 이처럼 고려인들은 아주 나쁜 황무지 땅에서 시작을 했지만 나중에는 그곳을 아주 좋은 땅으로 만들어서 벼농사를 크게 짓고, 아주 잘 지었다. 우즈베키스탄 사람들도 고려인들한테 농사짓는 법을 배워 가지고 지금은 그들도 모두 논농사를 하고 있다고 했다. 그때 채소 중에는 배추를 재배했다. 전에는 우즈베키스탄에 배추나 무가 없어서 그들은 양배추만 먹고 살았다고 했다. 그런데 고려인들 덕분에 그들도 쌀과 양파 같은 것을 먹을 수 있게 되었다고 했다.

시온고에 사는 심 이반도 우즈베키스탄 사람들이 고려인들을 대하는 태도에 대해서 언급한 적이 있다.

저기 원동에서 들어와서 기후가 맞지 않고. 음식 제도가 다르지. 말이 방식이 다르지. 우즈베키스탄 그 민족들은 우리 조선 사람 보면은 막 달아났어. '사람을 잡아먹는 사람들'이라고. 막 여자들이 소리치며 달아났어. 그래서 차츰차츰 사람들이. 그래서 그 다음에는 차츰차츰 하기까지 그 사람들이 아들(아이들)을 잃어버릴까 봐.

문 리사는 고려인들과 우즈베키스탄 사람들을 함께 러시아 학교에 넣어서 러시아 말을 배우게 했다.

그러자나니 백계(우즈벡인)들과 화목하게 지내고는, 그 다음엔 고려 사람 음석이 나오면 먹어 보이까다, 저 백계들 음석이 차이(차)밖에 없었거든. 그래 차차차 백계들과 화목하게 되니까다, 백계들이 우리 김치도 먹어보고, 고려 사람이 백계의 차이도 먹어 보고, 이래 먹어보니 친하게 되었지. 백계들 저기 와서 고려 사람들에 대해 김치를 어떻게 맛있게 하는가 했지. 개도 재빌로(스스로) 잡아먹지. 그 돼지고기를 잡으면 백계들, '우!' 하고 돌아서버려. 이런 돼지도 채 없고, 요즈음 와서 고기를 달라고 했어. 오늘도 그 백계 집인데, 돼지고기로 한 사슬릭(꼬치구이)을 굽고. 돼지고기를 줬어, 이 백계들 요즘 그래.

이 말을 들은 우리들이 "백계들도 돼지고기 먹는가?"라고 물었더니,

"인제, 글쎄요. 돼지를 백계가 잡아도 고려 사람에게 이래 차려 줘. 백계들이 싹 줬어."

진보협회 위원이자 여류 물리학자 윤 뤼버스도 고려인들이 정착하는데 우즈베키스탄 사람들의 도움이 많았다고 했다.

이게 우리네는 저 카자흐스탄에서, 우리 가족은 어, 이것. 52년에 카자흐스탄에서 이곳으로 이사했거든요, 우즈벡으로. 그래 와서 집이 없어서 이런게. 우즈벡 가정에서 와가지고 52년도에 왔는데, 우리네 그냥 감제(감자)로 들어다 주고, 우즈벡 가정에. 그 다음에 사과랑 뜯어다 우리네 가져다주는 거여. 이 좋은 사람들이에요, 우즈벡 사람들. 우리도 그냥 감사하고 그냥 인사드리거든요. 아주 많이 도와주었어요.

떡도 나눠서 주고, 그냥 이불도 주고, 이제 말씀드리지 않습니까. 그래 거기서 쪼금 살아났지요.

3. 고려인의 집단농장

고려인들이 우즈베키스탄에 도착하여 우즈베키스탄 사람들로부터 이방인으로서 취급도 받았지만, 한편으로는 그들의 도움으로 이주 첫 해를 무사히 넘기었다. 고려인들은 이런 어려움 속에서도 타쉬켄트를 휘돌아 흐르는 치르치크 강 근처에다가 여러 개의 집단농장을 만들어서 정착하게 되는데 그 집단농장 중에서 대표적인 농장 두 곳이 김병화 농장과 시온고 마을이다.

▌김병화 농장의 유래

허 세르게이는 김병화 농장에 대한 기억을 다음과 같이 회상하였다.

거기서 그냥 살다매. 아 그냥 그러니까 너무 바쁘고 그러니까, 아버지는 어머니랑 한 조합에서 속하려니까, 그것이 바로 김병화 농장인데, 그전에는 이 김병화 이름으로 아니하고 승율조강(?) 그랬지.

"그게 극성별인가요?" 하고 묻자,

"그렇다."라고 했다.

"북극성 아니었어요?" 하고 되묻자, 옆에 있던 노인이,

"북극성이지."라고 했다. 그러자 허 세르게이가

"뽈리야드라고 하지." 다른 노인이

"뽈리야드가 북극성이지."라고 했다. 허 세르게이는

"거기서 곧 우리가 들어올 때에는 다른 사람들이 들어온 거보다 쪼금 나았는가 하면, 고려 사람 코 난쟁이라고 하는 사람, 박지니인데, 그 사람이 이 뽈리야드이니까, 극성조합을 조직했으니까 우리 그렇게 고생 아니했소다."

"그 사람이 이름이 뭐였어요?"

"박 알렉산드라 표드리치. 그 사람이 조합을 조직한 사람입니다."

"아, 그게 나중에 김병화 농장이 되는 건가요?"

"아, 그건 다른 거요. 김병화는 40년도에 왔었지요. 40년도 이전에는 이 사람이 됐습니다. 이 사람이 시장은 아니하였지만, 당비서를 하였기 때문에 하다나니까, 여기 종합적으로 바근한(밝은) 사람이었어. 그래 놓으니까 우리는 다른 사람들보다는 많이 낫게 살았습니다. 콜호즈 40년 때 보니까. 우리는 그렇게 모진 고생을 아니했습니다."

"그러니까 40년에 바로 안정이 되셨군요. 집도 짓고요?"

"그렇지, 그렇지. 집을 지었다."

"그 알렉산드라 박이라고 하는 분의 도움을 많이 받으셨군요. 그러면 김병화 선생하고는 어떻게 연결이 됩니까?"

"김병화 선생 그 사람 어느 회사에 가서 일 했는데, 노블꾸지(?) 무슨 일 했는지 모루오. 난, 난 잘 모르지. 그 선생, 김병화는 뉘기 오게 했는가 하면, 그 박 알렉산드라 있지? 박 알렉산드라 표드리치 그 사람이 데리고 왔어. 그래서 그냥 40, 50 그 우리 볼 때, 40닌도부터 회장질 지냈지요. 그런데 이 사람 시킬 때 말이지. 이 사람이 군대서 온 사람이야."

김병화

"김병화가요?"

"예. 그래. 그거를 오면서 회장하는 디, 회장질 그렇게 잘 했다오. 극성들 조합이, 지금 간 데는 지금 돼지 같어. 그 사람이 살아서 우리 살 때는 정말 볼만 했습니다. 이들이 그렇지 않습니까. 어디매든지 우리 별 갈리고 오는 사람들이 기똥찼습니다."

"아~"

"그래, 김병화, 우리 많이."

"그래서 그분을 존경하는군요."

"예~ 그렇지, 이 분 그렇지, 이 분이. 그게 이 분이 대장하니까, 이 분이 노동영웅. 김병화 선생님 하나,"

"그분 한 사람뿐이었요?"

"근데 거기 또 이상한 일이 있어. 여기서 이상한 일이 뭣인가 하면, 그 농장에서 26명이 노동영웅을 타는데, 25명이 우리 사람 고려인들이여. 한 사람만 우즈벡 사람이여. 하 하 하. 그런 일이 있었습니다."

통역의 보충 설명에 의하면, 우즈베키스탄 전체에서 영웅 호칭을 두 번 받은 분이 세 명이 있었는데, 김병화 이 분이 두 번 탔다고 했다.

김 니콜라이 벤허노비치가 들려준 김병화 농장의 역사는 다음과 같다.

"할아버지들은 원동서 이곳으로 직접 오셨어요? 처음에 여기 오셨을 때는 몇 분이나 계셨어요?"
"그 첫 가마(처음)부터 살아 들어올 때는 그 농장 있잖아, 원동 있던 농장에서 이게 들어왔지."
"그 농장이 그대로 일로 온 거에요?"
"예, 그 다음에 거기서 이제 좀 다른 사람들은 다 잘 사니까, 다른 데서 또 왔다가니까."
"이 농장에서는 주로 무슨 농사를 지으셨어요?"
"베."
"주로 벼농사 지으셨어요?"
"금번에, 목화는 아니 돼."
"왜, 목화는 안 하고?"

"이게, 역사가 참 그 무슨 역사가 많소. 그 김병화는 40년도부터 일했는데, 벌써 41년에 목화를 심었어. 인제 심응께는, 저기 15㎞를 나가서 목화를, 그게 우리 땅이 아니지. 그래 이 양반이 고민했다고. 그러니 그 베(벼) 가지고서 앞으로 무스매(무엇이) 아니 된다는 걸."

"어째서 목화를 심어야 된다는 겁니까?"

"구억 정부에 가서 일한나카니까, 그럼, 그 저기 다른 곳에 딸린 것인디, 그 당신이 가질 거면 가지라. 그래, 그걸 땅을 가지고서리, 그 첫감(처음)에 41년을 여게다 목화를 심었어. 41년에. 그게 시험 삼아 심었단 말이야."

"목화를?"

"목화를. 그래 그걸로 어떻게 제조를 하고 무엇이 되는가. 그가 배워가지고 그 다음 41년에 40개(ha)를 딱 심었어."

"무엇을 심었어요?"

"목화를."

"그 베(벼) 이런 심으매 20ha, 저쪽 나가서 다음에 40ha, 그 다음 80ha까지, 이렇게 해서 나중엔 300ha꺼정 그거 심었다고. 그거 기르고 땅 만든 거여. 농사 그게 있으니까네 기분 좋았지."

"벼농사는 어디서 했어요?"

"벼농사는 여기서 했지. 내가 그거는 11㎞를 가서 했다고. 11㎞를 가서 따 온 거지. 그렇지 않으면 이 농장이 장차 그 다른 게(조합이)랑 합하는 거. [통역: 이 마을이 작아서 죽을 수도 있었대요. 그래서 여기

이 마을회장이 벼만 심는다면 마을을 거두지도 못하고, 그래서 거둬야 되니까 저 15㎞ 떨어진 황무지 땅을 찾아서 거기다가 목화를 심겠다고 정부에 가서 허락을 받았대요. 그래서 처음엔 적게 하다가 300ha까지 늘렸대요. 그래서 이 마을이 커지고, 돈도 많이 벌고.] 48년과 49년에, 그 목화에서 노동영웅들이 일곱이 나왔어."

"노동영웅이라구요?"

"이 마을 농사일을 하면서 노동영웅이 26명이나 나왔어."

"26명이나요?"

"인제 이런 게 우리 우즈벡공화국이나 전 소련서 다른 게 없어. 그런 조선조합이 선구적으로 나온 게. 양대 목화 농사지어서 7명이 고생한 그렇게 영웅이 나왔어."

"그때 시절에는 할아버지가 몇 살 때쯤 되셨어요?"

"나는 이때 무슨 열일곱 살인가. 이때 나는 여기 아니 살았어. 고린토만서 살았지. 난 다른 데서 57년도에 여길 왔어. 그러나 역사를 내쯤 잘 아는 건 경제일꾼으로 이 조합에서 오래 있었거든. 그래서 역사에 대해 좀 안다고."

김병화 농장 입구에 있는 김병화 박물관 관장이면서 노인회관에서 한국어를 가르치고 있는 태 에밀리아(69, 여)는 김병화 농장 유래에 대해 다음과 같이 말하고 있다.

북극성(김병화 농장의 초기 이름)은 연해주에서 올 때, 연해주에서 농장을 조직하여 살아서 3대, 4대, 5대 … 8대까지 살았어. 나도 열세 살까지 이런 집에서 지냈어. 북극성이란 농장은 원동에 있었던 것인데. 이 김병화 선생님이 첫 당원이었어. 이 분이 자동차에 다른 사람을 큰길까지 실어주고 자기도 이곳으로 왔죠. 초막집을 짓고 유리창도 없고 여기까지 고려인들이, 저기 우스벡 조합이 해체되어 없어지고, 김병화 농장 위로 추갈라라는 조합 이름을 지었어요. 이 분들이 다 돌아가시고, 같이 얘기하던 손주들이 여섯 살, 다섯 살 먹어서 들은 애기라. 나도 그렇고, 그분들도 다 들은 애기지. 그렇게 우리 어머니 아흔여섯이니까는 얘기할 수 있어요.

김병화 마을 노인회장은 지붕을 잇는 것에 대해 이야기를 하다가 도중에 생각이 났는지 앞의 이야기를 그만 두고, 깔 밭의 개발이 김병화에 의해서 이루어졌다는 것을 이야기해 주었다.

"병화가 이곳에 와서 고생 많이 했소. 병화가 깔 밭에 나타나. 깔 밭에 병화가 와서, '이것 쌀 이렇게 뿌려라.' 이게 쌀 씨(종자 벼)라는 거지. 바스켓(기계 이름인 듯)도 못 대녔어. 병화 그냥 도우다 이렇게 별로(훈장) 받았어. 그래 병화 와서 모든 보상 회계했어."

"그때 사용했던 기계 같은 것은 박물관에 있지요?"라고 묻자,

"다 읎어요."

"사진은 있던데요?"라고 되묻자, 옆에 있던 청중이

"기계란 게 별로 다 읎는데."라고 했다.

"그 당시에 그 깔 베는 기계 말예요?"

"그런 게 없고. 낫을 가지고 했지."라고 했다.

"낫으로 하라고 했다구요?"

"어렵게 산 시절인께. 기계도 별로 없어. 국가도 별로 도움 아니 주고, 그때 기계란 게. 그리고 또 여기저기 다 어렵게 살았는데, 너무 많이 살았는데 여기를 들어와. 우리 우즈벡 국가도 재빌할(자기들) 사람들도 어렵게 사는데, 이 조합 사람들을 받아야 할 정도로 어려운데, 그래도 도와주었지."

▌26명의 영웅이 탄생하다

우즈베키스탄의 김병화 농장은 1938년도에 시작되었는데 그때 김병화 회장이 열심히 노력해서 전쟁(제2차세계대전) 중에도 좀 잘 살게 되었다. 1949년도에 벌써 벼와 목화를 심고 수확을 잘해서 김병화 회장이 러시아 정부로부터 영웅 칭호와 함께 별을 받았다. 그리고 1951년에도 두 번째 별을 받았다. 김 니콜라이 벤허노비치 말에 의하면,

49년도에 최초에 첫 별 받을 적에 스물다섯 명 고려인들, [청중: 아니 스물네이.] 스물 네이? 예, 어쩌튼 일 잘 해서 수확 잘 돼서, 그것

목화, 베(벼). 어쩌거나 베를 잘 수확을 해서. 거반 베를 잘 내서 고려 사람들이 그 별을 받았지. 병화 씨는 회원들을 좀 잘 살게 만들었지. 저기 영화관과 병원도 짓고. 이 뒤에 있잖아, 이게 병원 자국이여. 옛 날에 이 앞에 있는 게.

그리고 25명의 영웅은 2, 3년씩 사이를 두고 별을 받았다고 했다. 농사도 특별히 벼농사도 잘 되고, 목화 농사도 잘 되고, 그래 콜호즈 거기서 26명의 영웅이 났다. 그리고 소련 국가에서는 영웅을 세 번 받는 것은 없었는데, 김병화는 우즈베키스탄 정부에서 세 번째 별을 주기로 결정을 다하고 있었다고 했다.

그런데 모스크바에서 우즈베키스탄 정부에게,

"별을 누구에게 주기로 했는가?" 하고 물으니,

"김병화 주겠다."고 결정을 딱 했다고 했다.

그런데 모스크바에서 소문을 듣고,

"그게 무슨 소리인가, 크나큰 우즈베키스탄에서 어디 우즈벡에 사람이 하나도 없어서 고려 사람 주겠는가."라고 했다.

이런 뜬소문 때문에 그 별이 바로 다른 사람에게 넘어갔다는 것이다. "그 사람도 별이 둘이고, 김병화도 둘이고. 그러나 우즈벡 정부에서 '김병화 주자.' 그랬지." 그 당시에 후르시초프도 세 번째 별을 김병화에게 주려고 했다는 것이다. 그러나 결국은 우즈베키스탄 사람인

함브라스코프가 세 번째 별을 달았다고 했다. 김병화는 농장 회장으로 여기 일을 했는데 정부에서, 정부 일꾼처럼 만들었다고 했다. 그리고 여기서는 회장을 했지만, 정부에 무슨 일이 있으면 그 사람을 불러갔다고 했다.

김병화 회장이 큰 별을 둘 한 것은 벼 거두고 나면, 수확 양이 많이 나와서 그렇게 되었다고 했다. 소비에트 국가일 때 슬라노(수확한 농산물 중 일정 양을 국가에 바치는 것.)라는 게 있었는데,

"이 콜호즈에서 얼매 내라. 아무 콜호즈는 얼매 내라. 슬라노라는 게 큰데 김병화 농장에서는 그 슬라노 한도를 넘어서 하오. 쌀도 더 확보하고, 목화로 수확 무진 내고, 그러니깐은 큰 별 하나 줬다, 둘 줬다. 세 번째 꺼 주려하다가 이렇게 되었지."

▍ 김병화 농장이 없어진 이유

"지금도 김병화 농장 조합이 있습니까?"

"그런 것 없어. 그저 다 마감이 있어. 우리 조합이 무엇이냐면, 조합이란 말 있제. 한 곳에 모두 모다서 농사질 한 게 그거여. 그전에 제막질 그건 옛날부터 제막질 자꾸만 아니하지. 어찌 그러냐 하면, 제막질 하자면 지게 없다 말이여. 지게 제막질 하잖아. 그래 이를 모다하면 지게 자비랑 다 그것 쓰거든요. 그래지 뭐, 그래 농사는 것, 이것

조합이란 것을 만들고 그랬지. 이것 30년부터 시작이 되었어. 그래 이 뽈리야드나 브랜따라고 러시아 때나 30년도 이것 조직 했시오. 우리 작은 게 5~6살 적에, 그때 전 소련서 배웠단 말이여. 그래서 고르바초프 당시에 요것 대통령 되었잖어. 그것 잘못돼서 이 소련 바닥에 (민주화로 인해서 국가가 없어져 독립되면서) 그런 때 내 대통령이 인자 하고 싶으면 한다. 그래 이 조합이 있지요, 싹 마감한다."

"조합도 그때 없어졌지요?"

"그때 없었지요."

"옐친 대통령 땐가요?"

"아니, 아니요 그때 아니요. 그전에. 1991년에 각 독립되면서. 잘 사는 조합이나 그전 마차를 끌던 것이, 집이랑 무엇이든지 다 우리 돈으로 샀어. 우리 벌어서 자비로 샀지. 그 국가 돈은 아니요. 게 그런 것 없어, 재정. 국가가 믿지게 했지. 저것들끼리 막 팔고, 뽈르트리아는 우리 동남쪽이지. 우리 이때 저 작업은 사무실이지."

"자기 사무실이요?"

"아, 사무실인데, 다 그때 거기 무슨 안에 있는 거 다 가지고 갔지. 왜 가지고 갔는지 알 수 없어. 차고지나 무슨 다 어찌 했는지 모로오. 그래 싹 우리 돈으로 샀지. 야. 나도 그게 30여 년이나 같은 내 돈도 많이 들어갔지."(허탈한 웃음)

"그래, 91년에 조합이 없어진 거네요?"

"없어졌지. 아니 91년에는 그 조합이 있었으나, 벌써 자연적인 예측에서 끝나서, 마감한 것처럼 했던 것인데, 양천 오년(2005년)인지, 아니 6년까장 고래 버티고 있었어. 그러나 그때 벌써 조합이 아니요. 벌써 좀 잘못 되었지. 잘못된 게 인제 자연대로 농사지었지 벌써. 그래, 사실은 어느 때부터 잘못된 거냐 하니, 93년, 94년 그때 벌써 잘못 되었어. 인제 그만들 잘못 되었지. 내 어젠가 말하지 안하던가. '윗물이 맑아야 아랫물이 맑다.'고. 벌써 회장은 다른 사람 하니까는 이랬는데, 다음에 회장 또 바꾸오. 그래 바꾸면 진작 못 사귀었지. 조 할로사로이, 조 알로케라고 고려 사람이여. 그 사람이 회장으로 같이 일하고. 그 다음에는 마지아로라고 우즈벡 사람이야."

"우즈벡 사람도 여기 회장을 했어요?"

"야. 여기 했오. 우즈벡 사람 맞아요. 그 다음에는 김병화 바로 간 다음에, 그 다음에는 우즈벡 사람이었어. 그래 거기에 무슨 것이니 젠장 거기 노인 다 같이 일했는데 둘이 감옥 갔오.(웃음) 고려 사람도 갔어. 인제 고려 사람도 그래, 그 사람한테 그래. '이거, 이래 하지 말라. 자꾸만 그 흡잡하면서 잘 되지 못한다.'고. 내가 그러지, 야 뭐 이러다 잘못될 적이는 너 회장들 잘못 되지. 우리 구역 사람들 아니 잘못 된다."

▌ 김병화 농장의 노인협회

조사자가 지금의 노인회관 그리고 노인회가 조합하고는 어떻게 되느냐고 물었더니, 그것은 그저 큰 조합이 없어서 그만 이것을 재조직했다고 했다. 89년에 이걸 조직할 적에 고려인 문화협회도 우리 조합에서도 조직했다고 했다. 그래 현 노인회장인 사람을 모스크바에 대표로 보냈다고 했다. 그때 고려인 문화협회도 조직한 거냐고 조사자가 물으니, 그거 모스크바에서 우리가 회의를 해서 조직했고, 거기서 한국 사람 만났는데 그들이 우리에게 한국어 사전을 주었다고 했다. 현 회장은 자기가 10년 동안 회장을 했다고 했다.

▍시온고 마을

시온고에 사는 고려인들은 타쉬켄트에 살고 있는 고려인들 중에 비교적 생활이 안정되어 있다. 그것은 한국인 박강윤 노인회장이 그곳에다 감초 공장을 세워서 경제적으로 안정된 일을 할 수 있도록 해 주었기 때문이다. 박 회장은 이 마을을 위해서 노인

시온고 노인회관

회관을 보수하고 그 옆에 어린이들이 한국어를 공부할 수 있도록 교실도 지어 주었다. 뿐만 아니라 최근에는 한국 정부의 지원을 받아서 아리랑 요양소를 지어 몸이 불편한 노인들을 수용하고 있다.

다음은 우리들이 시온고에 사는 이 라이사(73, 여) 집을 방문했을 때

그녀에게 들은 시온고 마을에 대한 설명이다. 그녀는 병든 아들을 수발하면서 살고 있었다. 그러나 그녀는 한국어가 서툴러서 러시아어로 이야기한 내용은 통역이 보충설명해 준 것으로 대신한다.

"어, 우리 37년도에 들어와서 전부 바뀌었지."

[통역: 이 마을이 러시아 이름을 가지고 있었대요. 스탈린 정부에 일하던 조국에서 일을 했던 사람들, 근데 나중에는 그 먼저 마을 이름을 요조부(?)라고 했는데 나중에 보니까 신자(新字)라고 했대요. 그래서 그러면 이름을 바꿔야 하잖아요. 그건 러시아 말이고, 조선말은 47년도에. 근데 '시온고' 이름은 중국 이름이래요. 이 마을이 시온고라고 불렸을 때는 37년까지 그 이름이었대요.]

"그 다음에 이때까지 시온고라고 하고, 조선 마을의 이름이 두 개 있었어요."

[통역: 시온고 사람 말이래요.]

"시온고라는 거 중국 사람 말이야. 그 다음에 다른 데 가서 시온고 하면 다 안 단 말이야."

[통역: 우리 '시온고' 이름을 부르면 다들 알았대요.]

"지금은 시온고라고 하지 않는단 말이야?"

[통역: 그 새 이름 바꿔야 하잖아요.]

"우리말로 시온고. 시영고, 영이란 말이야. 그러니까."

"어디 보니까 시온고 이 이름이 극동에 있을 때 지어졌다는 이야기가 있던데요?"

[통역: 네. 맞아요. 거기서 지어진 거예요.]

다음은 시온고 마을에 살았던 최 알렉산드레아가 시온고 명칭에 대해 들려준 내용이다.

"할머니, 언제 시온고라고 했지요?"

"시온고라 하는 거는 러시아에 있을 적의 1929년도에. 1929년도 난 그때 두 살 먹은지, 세 살 먹은지 할아버지들이 하는 게 그 어째 시온고라 되었는가, 시온고라 불렀어요. 시온고라 한 거 중국 사람들이 했던 거, 시온고라는 거 중국 말로 새 고을이라는 거야. 마을이, 새 마을이 중국 사람들이 시온고라 했던 거야. 다 시온고라 하지. 그랬어. 시장(지금)도 조선 사람만 가면 시온고라 하면 다 알아요. 내 30년도 되는데 촌에서 났단 말이야. 지금은 그때는 촌에서 30년 동안 수차 그때 사는 사람들이 시온고라고 했단 말이에요."

고려인들은 이 두 집단농장 외에도 곳곳에 많은 집단농장을 세워서 그곳을 중심으로 정착을 하면서 삶의 안정을 찾았으나, 1991년 소비에트 공화국이 무너지면서 고려인들은 다른 어려움에 직면하게 되었다고 했다. 현재 김병화 농장과 시온고를 비롯한 다른 농촌 콜호즈에는 늙은 사람만 남아 있고, 젊은 사람은 다른 소비에트 연방이나 한국으로 떠나갔다.

4. 고려인의 조선어 교육

고려인들이 정착하는 데 중요한 것은 현지인들과의 소통이었으므로 주로 러시아어로 소통을 하였지만, 원동에서 보여준 고려인의 민족어에 대한 자부심은 어려운 여건 속에서도 지속되었다.

심 이반의 가족들

시온고에 거주하는 심 이반은 조선 문화와 조선말에 대해서 확실한 생각을 가지고 있었다. 고려인들이 러시아에 있을 적에는 조선말 배우기를 좋아했지만, 중앙아시아 지역으로 이주한 후에는 조선 문화와 조선말15)을 알아야 한다고 하면서도 그것을 활용할 수도 없고, 이곳 사람들과 더불어 살아야 하기 때문에 러시아 문화와 말을 배울 수밖에 없었냐고 했다. 이곳에는 러시아에 있을 적과는 달리 조선학교가 없었기 때문에 러시아학교에 들어갔다고 했다. 그러나 심 이반은 조선말을 고려인들이 꼭 알아야 한다고 했고, 조선말을 못해도 알아들을 정도는 되어야 한다고 했다. 조선 사람인데 조선말을 알아듣지 못하면 그게 어찌 조선인이라고 하겠느냐고도 했다.

타쉬켄트에 사는 허 세르게이는 학교 다니기 전까지 러시아 말을 하나도 몰랐다. 학교에 나가서 러시아 말을 배웠다고 했다. [통역: 그 전까지는 다 고려 말을 했다.]

필자가 "지금도 한국에서는 어른 이름을 함부로 안 부르거든요."라고 하자, 김병화 마을의 김 니콜라이 벤허노비치는 고려인들의 언어생활에 대해서 다음과 같이 말해 주었다.

"아, 거기서 그 새 임금이 없다나이, 우리가 이게 여러 민족이 사다 나이까다(보니까), 서로서로 근본을 묻지 않고, 민족끼리 살았으므로

---

15) 그는 '고려문화', '고려 말'보다 '조선 문화', '조선말'이란 용어를 자주 썼다.

우리 조선인 고려 사람들은 그 러시아 말을 몰랐어. 그렇게 러시아 사람들과 함께 살지 않는다면 러시아 말 몰라요. 혹시 도시에 사는 사람들은 알지, 촌에까지는 몰랐어. 그래 이제 와서 우리 39년에 이 러시아 학교로 넘어왔어. 39년에 나도 그때 2학년일 때 학교에 넘어갔어. 그때까지 2학년 있다가서리 9월 20날인지 그때 러시아로 넘어갔어. 그렇게 하니 러시아 말부터 시작하는 학교 다니는 고려인들은 그때부터 고려 글 못 배우고 러시아 말 배웠어. 39년이면 우즈벡에 왔을 때는 완전 러시아 말로만 했지. 그 다음부터는 또 일학년 때 그림 글자를 읽어야 되지. 러시아 말을 허허."

"그럼, 여기 우즈벡에 오셔서 러시아 말을 배우셨어요?

"아, 그렇지. 러시아 학당에 당최 모르지. 그럼 뭐 어떻게 러시아 말을 나 어렸을 때부터 모르는데."

"그러면 부모님들은?"

"어렸을 때부터 모르지. 부모님들도 러시아 말을 모르지. 다짜고짜 아무런 말도 모르오."

"그런데 여기 영웅 김병화 어르신은요?"

"김병화? 어찌 그래가, 그때 러시아 사람 군대서 살다 왔다니까, 러시아 그 군사여. 아, 그러니까 러시아 말을 하지."

"그러면 어르신은 러시아 말을 몰랐었다면 언제 배웠어요?"

"그래, 그 다음에는 글쎄, 그래가지고 러시아 걔네들 어떤 문서를 쓸 때 러시아어로 하지. 그래, 할 수 없이 배워야 하지. 이 말이라는 것은 써먹지 못하면 잊어버리지. 우리들이 그전에는 고려 말 좀 알았는데 요즘은 싹 까먹었어, 그걸 써먹지 않아서. 어쩜 그렇게 이런 말들은 그전에 50년 전에나 알았는데 이제와 들린다."

"이제 한국 사람 만나서 많이 쓰고 있지요?"

"그거, 나 한국말 모르지. 기래 내 생각은 그렇습니다. 누구든지 이 가족이 사용 안하녀 무슨 말이든시 써야 돼. 우리 고려 사람들 그 '줄케'라고 있잖아, '줄케'. 알지 못해요?. 이 낭기(나무) 있잖아. 이만 낭기 깎지, 그 굴깎지 있잖아. 그걸 깎아서 그 다음에 이래 막대기 있잖아. 툭 치거든. 뜨거든 그럼 치지."

"아, '자치기'요?"

"자치기라고 해요? 그것이 그전에도 '줄케'라고 했어. 그런데 이 우즈벡 지방 사람들 전부 줄케라고 해. 저 그런 게 있어. 기래 아이들같이 그냥 이곳에 온 지 벌써 석 달 된 게 그것 하면 놀았단 말이야."

"우즈벡 말은 잘 배웠어요?"

"내, 그 다음에 거기서 그냥 기래 우리 아버지 동미(동무)들이랑 친구들 끼워, 저기 우즈벡 말 하지. 나한테 이러게 거 우즈벡 촌에서 산다니까, 아이들 놀게 없지. 그러면 우즈벡 아이들 같이 놀았지."

"그 다음에는 이쪽으로 이사를 왔어요?"

"우즈벡에는 고려 말 없으니까나 싹 잊어버렸어. 그 좀 잊어버리면 이제 와서 지난번 것은 더 못 배운단 말이야. 어~ 우리 집에서 아부지 조합 회장 했어. 4년 동안 일했는데, 우즈벡 조합 가운데 그 우즈벡 말을 배워야 되지. 아버지 이래 사는 부회장 데려와요. 데려와서는 이 정도 돼서 뭐라고 물어보는데 '이게 무엇인가? 우즈벡어인가?' '쇠는 무시기라 하는가' 이렇게 배웠어. 우즈벡 말로 우리 어머니꺼정 밭에서 우즈벡 여자들 같이 일을 하면서 우즈벡 말 잘 하오. 네~ 우리 부인네도 이낭 고려 말보다 우즈벡 말 잘 하오. 그래 그 배우는 길까지 우즈벡. 그런데 내는 모른단 말이오. 어정 내 여기서 일하면서 우즈벡 애들 사람들이 요즘 말하잖아, 우즈벡 말 모르지. 그래 못 배운 게 아예 안 했더니 쉬워."

"실제로 우즈벡 말은 잘 하십니까?"

"아이, 나도 잘하지 못하지, 아, 한 30살 밑으로 거의 돼서, 그런데 요새는 그저 둘둘 말 아니나이까는 혼자 일보러 댕기지, 우즈벡 말을 부지리(부지런히) 해서 37년에 입에 들어맞을 만하다. 그래 그래하니까 다 이제는 우즈벡 뒤로 돌아보니까는 벌써 30년 사이 벌써 이렇게 됐네. 그래서 우즈벡 말 잘 모르오. 그저, 그래서 어떤 말이래도 동미 둘과 앉아서 얘길 하지. 그게 우즈벡 촌으로 가면 굶어도 아니 죽소. '거기나 있는가, 차이나 있는가, '배 고프다.' 그 그런 말을 다 하지. 보통 때는."

"[옆에 앉아 있는 이 선생님에게] 선생은 우즈벡 말을 잘 하십니까?"

"그럼."

"러시아 말은 학교에서 배우신 거죠?"

"네, 학교에서 원동에 있을 때 내 3학년, 내 다 배웠지."

"그때 고려인 학교에서 러시아 말을 배우신 거죠?"

"음, 그때는 두 번 그리고 세 번째 반, 그저 그 37년도에 여기 들어와서 3학년 때부터 읽은 책이 뭐 두어 권,"

"그럼, 선생님은 원동에 계실 때 학교를 다니셨어요?"

"아~ 나 그때 일곱 살."

"1939년도에 러시아어를 공식어로 사용하셨지요?"

"응, 39년."

"그럼, 그때 우즈벡어도 배웠어요?"

"어, 우즈벡어를 아니 배웠어."

"그럼, 문서는 무엇으로 작성했어요? 전부 러시아어로 작성하지 않았어요?"

"그때 벌써 39년이 다만 러시아 것만, 그 러시아어만 배웠지."

"아까 우즈벡어도 배웠다고 했잖아요?"

"아~ 그것은 우즈벡 아이들, 우즈벡 말도 배웠지."

"아버지가 조합장 하셨을 때 문서가 러시아어로 써졌어요, 우즈벡어로 써졌어요?"

"옛날 아버님이 조합장하셨을 때는 러시아 말로 써졌지"

"그런데 아버님이 그 서류로 러시아 말을 배웠다고요?"

"우리 아버지는 또 히바(우즈벡 서북쪽에 있는 지명)에서 그 글을 읽었소."

"거기서 러시아 말을 배웠어요?"

"기래. 거기가 러시아는 아니지만은 러시아 글로 외웠지."

"그러면 아버님은 우즈벡 말을 모르셨어요?"

"아부지? 우즈벡 말을 잘 하지."

"그럼, 어떻게 배웠어요?"

"아버지가 회장일 하자나요. 그러니까는 그건 꼭 우즈벡 말 배워야 한단 말이야. 아 우즈벡 말 모르고 어떻게 회장 자리를 하겠어. 그래서 나도 저 부회장 되었다가 우즈벡 말을 배웠어."

타쉬켄트주 뽈리타즈 조루트밀라 식당에서 황 안드레이의 '학교교육과 언어교육'에 대한 그의 견해를 들어보았다.

"여기 들어와서 처음에는 고려 글을 읽는데 러시아 학교에서 읽었어요?"

"예, 고려 글로 싹 배워 줬지. 거기 그 지리나, 무슨 저 자연이나 역사나 싹 고려 글로 했어. 그 다음에 한 이태 그러다가 싹 러시아 글을 배웠지."

"39년에는 러시아 글로 배웠지요?"

"39년에 가서 받았지."

"1939년에는 러시아 말 배웠다고 했는데 그 전까지 학교는 어떻게 만들었어요? 러시아 정부에서 도와주었어요? 고려인이 스스로 만들었어요?"

"전에는 고려인들이 학교를 만들었을 거예요."

"누가 가르쳤어요?"

"교사들이 없어서 조선에서 사범대학이나 했던 양반들이 러시아 말 잘 모르지. 그래 그거 한문으로 번역을 해서는 우리 애를 싹 배워 주려고 고생했어요."

"39년 이후에는 조선말 못 쓰게 한 거죠?"

"네."

"그럼, 고려 말을 따로 배우신 거예요?"

"고려 말을 39년 이후에 한 번도 안 배웠지."

다음은 진보협회 사무실에서 허 세르게이를 비롯해서 안 일, 박 바실리나 그리고 다른 이들과 함께 고려 말 교육에 대해서 나눈 이야기이다.

"허 선생님은 여기 계실 때 공부를 어디까지 하셨습니까? 생활이 어려웠을 텐데 공부를 많이 하셨습니까?"

"나는 3년, 학교를 3년 필했지. 원동에서 필했지. 그 다음에 여기 들어와서, 37년도 들어와서 고려 사람들이 어떤가 하고 벌써, 38년도. [청중: 정월 2월 달이지.] 그때 벌써 아들은, 조그만 아들은 글 읽는 것, 글을 읽게 했습니다. 그때 5학년인데 고려 글을 읽었습니다."

"우리 어른들이 고려 말 안 잊어버리게 하려고 가르친 거란 말이죠?"

"그렇지. 그런 건데. 내 고려 글을 7년제까지 필했어요."

"아, 그래서 한국어를 잘 하시는군요."

"7년제 필했는데, 그러나 말을 어째서 내 못, 못하는가. 그 전에는 잘했습니다, 글 읽을 때는. 그런 다음에, 시장(지금) 어째 말을 못하는가 하면, [청중: 사용하지 못하게 해서.] 그 다음에도 그냥 러시아 말이지 뭐. 잘하나 못하나 뭐. 러시아 말."

[청중: 바깥에서나 일상에서나 그저 그래. 옛날에는 전 소련국가가 말을 러시아 말이다 나니, 우리네는 유치원 핵교 공부 다 러시아 말을 했거든요.]

안 일이 옆에 있다가 대화에 끼어들었다.

"제일이 중요한 게 이게 가만히 세상에 무엇이냐 하면, 우리 원동서부터, 러시아부터 우리 우리말로 공부를 했거든, 핵교도 있고. 각각 처지 뭣이냐 하면 마을이 우리 핵교들이 있었습니다. 여기 들어와서도 39년에 다 소련 정부에서 명령이 내려온 게 뭣인가 하면, '러시아로 싹 냄겨라.' 우리, 그때 우리 핵교들 다 잃어버렸어, 우리말을 39년부터 러시아로 넘어 갔죠. 예, 그거 내 책에 있어."

"그러니까 우리 그 선배들이 한국말을 지키려고 글도 쓰셨어요?"

"다 쓰셨지. 그렇지. 39년도에."

"훌륭한 어른들이십니다."

"나는 원동서 1학년을 조선 글을 읽었습니다. 그 다음에 1학년을 밀리지 않고 여기를 쉽게 들어왔지요. 여기에서 쉽게 들어오니까 져 내 러시아 말을 '누다시' 그 한 마디밖에 몰랐습니다."

"그게 무슨 말입니까?"

[청중들: 안녕하세요.] (웃음소리)

"안녕하세요. 그것밖에 몰랐다구요?"

"그 한 마디밖에 몰랐습니다. 그래, 그 38년도, 39년도에 핵교를 가자니까, 그것도 러시아 말을 모르지, 또 2학년 읽었지요. 2년치 읽다니, 그래가지고 그저 2학년 읽은 것, 내 3년 읽은 것 잃어버렸습니다. 3년 잃어버리고. 그 다음에 글을 3년, 3학년까지 글 읽고, 4학년 때 전쟁 났어요. 전쟁 나서 4년 동안 글을 못 읽었지. 원동서 들어오느라고 읽던 거 잃어버렸지."

"아, 예~. 아니 근데 이 우즈베키스탄이 왔을 때 굉장히 어려우셨 잖아요. 그런데도 그 우리 선배 어르신들이 한국말을 가르치고 그리하셨다구요?"

"그렇지."

"그 어려움 속에서도?"

"그 어려움 속에서도. 우리 그 우리 사범대학, 고려 말로 여기서 카자흐스탄에서 그런 대학도 있었고. 그 뭐지, 그 전문대학교에서. 그러나 없애버렸지. 없어졌지. 그 도서관, 그 옛날에, 한국에서 들어온 책들, 도서관 아주 옛날 거 그 값진 책들 막 불에다 태우고, 그런 그렇게 야금 치웠지."

"굉장히 살기도 어려우셨는데도 한국말 배우지 못하게 하고."

그 옆에 있던 박 바실린이,

"네, 못하게 했어. 그래도…"

"그래도 가르치고 배우고요?"

"네, 그런 선생님들이 있었습니다."

"훌륭한 분들이세요."

[통역: 우리 어르신은 기사까지 나왔었어요. 그, 왜 우리 고려인들이 자기 말을 잊어버렸는지.]

"그거 좀 한번 보여주시죠. 선생님 저기 이름, 함자가 어떻게 되세요?"

"바실린."

"혹시 박 씨인가요?"

"네, 네."

윤 뤼시버라는 여성 박사는,

"고려인들은 부모님들이 굶어도 아들 공부시키거든요. 그리고 꼭 대학 마치고, 그 대학 꼭 다 이리저리 고려인들이, 그런 마음이 있습니다. 그래서 고려인들이 아주 이렇게, 지식이 들어가서. 여기 우즈베키스탄에 대략 37개 민족이 살거든요. 고려인들이 제일, 지식이 들어가서 1등을 했다고. 대략 37개 민족의 사는 데서. 그렇게 고려인들이 머리가 좋고. 그러니까 부모님들은 굶어도 아들 공부시키고."

"그러니까 이런 여자 분들도 박사가 되셨지요."

제 3 장

고려인의 통과의례

고려인의 통과의례

우즈베키스탄 고려인들의 관혼상제에 관한 생활민속은 많이 바뀌었다. 고려인들의 풍속을 보면 시간이 지날수록 급격하게 변화되어 갔다. 결혼식을 예로 들면, 신랑과 신부가 결혼을 하면, 본래 첫날밤은 신랑의 집에서 자야 한다. 그런데 오늘날 고려인들은 널리 흩어져 살고 있는 경우가 많아서 신랑과 신부의 집이 멀리 떨어져 있으면 그날은 신부 집에서 자기도 한다.

그리고 장례풍속도 다른 곳에서(객지)에서 죽어 시신이 집에 들어올 때 머리부터 창문으로 들어와야 하고, 시신은 산에 묻어야 한다. 그런데 사는 곳에 산이 없어서 그냥 평지에 묻는 경우도 생겼다. 이처럼 환경과 생활 여건에 따라서도 많은 변모가 일어났다.

또, 고려인들은 이제 설날에도 세배를 하지 않을 정도로 바뀌어, 겉모습만 고려인으로 남아 있다. 사람들끼리 농담하기를 "네가 밥하고 김치를 먹고 있기 때문에 고려 사람이다."라고 한다. 고려인들의 풍속은 가족마다, 마을마다 다르게 행해지기도 한다. 고려인들은 자신이 지키고 있는 풍속이 바른 것이라며 싸우기도 하지만, 요즘 젊은 고려인들은 이런 풍속에 관심이 없다. 오히려 러시아나 우즈베키스탄의 풍속을 따라 하는 경우도 나타나기 시작했다.

이런 점을 전제로 하면서 우즈베키스탄 고려인들이 행하고 있는 통과의례 중에서 탄생과 관련된 산속(産俗)과 출생 그리고 혼례, 마지막으로 상례와 제례를 중심으로 살펴보자. 우즈베키스탄 고려인들의 일생은 출생, 결혼, 환갑, 그리고 죽음으로 나누어 볼 수 있다. 이곳에서는 성인식에 대한 의식은 조사되지 않았다. 공산주의 체재로 바뀌면서 병원에서 출생이 이루어지다 보니 산속(産俗)의 풍속도 대부분 사라졌다. 사람이 죽어 장사를 지내는 상례 역시 병원에서 이루어지고 있었지만, 이 풍속은 아직도 지속되고 있는 경우가 많았다. 그러나 제사의 례는 간소화되어 있어 그 흔적이 남아 있을 뿐이다. 이제 단계별로 하나하나 풍속들을 살펴보자.

1. 산속(産俗)과 출생

산속은 여자가 아이를 임신해서 낳을 때까지의 절차를 말한다. 그리고 아이가 출생해서 일정 기간이 지나면 행해지는 통과의례로 백일과 돌이 있다. 그리고 출생하여 갑자(甲子: 60년)가 다시 돌아오면 지내는 환갑이 있어 여기서는 이것들을 함께 살피도록 한다. 우즈베키스탄 고려인 사회에서는 아이를 병원에서 낳기 때문에 전통적인 산속이 많이 없어졌다. 따라서 산속에 관련되어 전승되는 것이 많지 않았지만, 우리가 조사한 태아의 성 구별법, 태몽, 임신하였을 때의 금기, 출산 때의 행동, 출산 후의 금기 등을 소개한다.

▌태아 성 구별법

가족들은 여자가 임신을 하면 그 태아의 성별에 대해서 많은 관심을 가졌다. 이곳 고려인들이 태아의 성을 구별하는 첫 번째 방법은 산모의 배가 불러오는 모양을 보고 짐작하는 것이다. 산모의 배의 모습이 왼쪽과 오른쪽으로 부른 경우보다는 아래쪽과 위쪽으로 부른 경우를 따졌다. 즉 배가 위쪽으로 부른 경우에 딸이고, 아래쪽으로 부른 경우는 아들이라고 했다. 태아의 아버지와 어머니의 나이 숫자를 합하여 구별하는 방법도 있다. 임신했을 때 부모의 나이를 합하여 짝수면 딸이고, 홀수면 아들로 예견했다. 태몽에 의한 구별 방법도 있는데 태몽이 동물인 경우에는 아들이고, 꽃이나 달, 별 등인 경우에는 딸이라고 여겼다. 임신을 전후해서 꾸는 태몽은 태어날 아이의 운명을 암시하는 꿈으로 여기기도 했다. 그래서 이런 태몽은 태아의 성별을 구별하는 근거도 되지만, 태아의 미래 삶을 예견하는 근거로 삼기도 했다. 아무튼 태몽은 대부분 산모나 부모가 꾸는 것이 일반적이지만, 그렇지 않고 할머니나 할아버지, 외할머니나 외할아버지가 꾸는 경우도 있다고 했다. 예를 들어서 태몽에서 뱀은 일반적으로 아들을 상징한다. 그런데 뱀이더라도 똬리를 틀고 있거나 죽어 있는 뱀은 딸이고, 고개를 들고 움직이는 뱀은 아들이라고 했다. 그렇지만 조사된 태몽에 관한 것을 보면, 똑같은 뱀인데도 딸을 낳기도 하고 아들을 낳기도 하였다고 하여 이런 예견의 신빙성에 많은 의문을 나타내기도 했다. 이런 태아의 성 구별 방법은 남녀의 평등사상이 강화되면서 점점 사라지고 있다.

▌태 처리법

아이가 태어나면 몸을 감싸던 태가 어머니의 몸 밖으로 배출된다. 그런데 태는 아이의 배꼽과 연결되어 있어 태를 잘라 처리하지만 여기에도 특이한 풍속이 있었다. 물론 요즈음에는 대부분 병원에 가서 아이를 낳기 때문에 젊은 산모들은 이에 대해 거의 알지 못하지만 1960년대 이전만 해도 병원이 아닌 집에서 아이를 낳는 경우가 많아서 산모와 태아를 연결하는 탯줄을 끊고 그 태를 처리해야 하였다. 산모는 반드시 태를 이빨로 끊어야 한다고 해서 이빨로 끊었다. 그러나 해산하면서 약해진 이로 이런 일들을 하다 보니 산모들의 이가 빠진 경우가 많았다. 자른 태는 일정한 곳에 놓아두는데 태를 땅에 파묻거나 불에 태우기도 하지만 대부분은 물에 띄워 버렸다고 한다.

▋ 첫국밥

우즈베키스탄 고려인들은 산모가 아기를 낳으면 피를 맑게 해주고 건강하게 하기 위하여 산모에게 첫국밥으로 미역국을 먹인다. 한국에서는 미역국을 끓일 때 쇠고기나 닭고기를 넣지만, 이곳 고려인들은 미역국을 끓일 때 돼지고기를 넣는다. 그것은 산모가 이렇게 먹어야 젖이 많이 난다고 해서 그렇게 한다. 이것은 한국에서 산모에게 젖이 많이 나오게 하기 위하여 돼지 족발을 삶아 먹이는 것과 같은 이치다. 그런데 일부 고려인들은 미역국을 끓이지 않고 주로 시래기 장물(국)을 끓여 주기도 한다. 시래기 국에 넣는 고기도 쇠고기와 같은 담백한 고기가 아닌 돼지고기를 넣고 끓였다. 시래기 국에 돼지고기를 넣는 것은 궁합이 맞기 때문이라고 했다. 그러나 이런 국밥을 끓여 산모도 먹고 삼신에게 바치던 민속은 차츰 사라지고 있다.

▋ 출산 후 금기

출산 후에는 태어난 아이의 건강을 위하여 집안에 다른 사람들의 출입을 금기하는 풍속이 있다. 한국에서는 아이를 낳고 삼칠일 동안 금줄을 치고 출입을 금하였다. 그리고 100일이 되어야 동네 사람들에게 아이를 공식적으로 인사시키는 백일잔치를 열었다. 이곳 고려인들도 아이를 낳으면 40일간의 출입을 금하였다. 우즈베키스탄 인들도 출산 후 타인의 출입을 금지하는 것이 40일인데 아마도 이 영향으로

40일이 된 것이 아닌가 한다. 일부 고려인들은 먼저 3일 동안 타인의 출입을 금한다. 그렇지만 귀하게 아이를 낳은 집에서는 100일 동안의 출입을 금하기도 한다. 또 극히 일부이긴 하지만 30일 동안 출입을 금하는 곳도 있다. 그렇다고 문에 왼새끼로 꼰 금줄을 치는 경우는 없었다. 그런데 이런 풍속이 지금은 아이를 보여주지 않는 풍속으로 바뀌어졌다.

다른 민속과 달리 어린아이에 관한 민속은 지금까지도 강화되면서 "어린아이 낳은 집에 바로 들어가면 눈이 나빠진다."라는 금기·속신어가 생기기도 했다. 이처럼 새로 태어난 아이의 집에 출입을 금하는 속신은 아이와 산모의 건강을 지키기 위한 것이어서 아무리 가까운 친척이라고 하더라도 어린아이의 방에 함부로 들어가지 못하도록 하고 있다. 그런가하면 고려인들의 속신어에 "배냇저고리는 보관해야 좋다."는 것이 있는데 이것은 신생아에 대한 신비성이나 주술성에서 기인된 것으로 보인다.

▌백일

아이가 태어난 지 백 일이 되면 아기의 부모는 일가친척은 물론이고 동네 사람들에게 아기를 선보이기 위해서 잔치를 여는데 백일잔치이다. 고려인들은 이 날에 음식을 푸짐하게 차려서 초대한 손님들에게 대접하고 아이를 보인다. 이때 아이를 보러 온 손님들은 축의금을 반드시 지참하고 오는데 각자 형편대로 할 뿐 구체적으로 금액이 정해져 있지는 않다. 이런 백일잔치는 강제 이주 직후인 1940년 때까지 많은 가정에서 행하여졌다고 하지만, 50년대 이후부터 사라지기 시작하여 현재 거의 사라졌다고 한다.

▎돌

아이가 태어난 지 일 년이 되어 맞는 첫 생일이 돌인데 크게 잔치를 한다. 이 돌은 한국의 풍속과 크게 다르지 않다. 이때 차리는 돌상은 일반적인 상차림과 달리 큰 상을 차려, 아이의 미래 운명을 나타내는 돌잡이도 한다. 돌잡이 상

돌잡이하는 모습(우쉬토베)

에는 콩, 팥, 찰떡 3그릇, 쌀, 돈, 책 등을 올린다. 특별히 사내아이 상에는 볼펜, 여자아이 상에는 실과 가위, 바늘 등을 놓는다. 이중에 실은 오래 살라는 뜻이고, 책은 공부 잘 하라는 것이며, 돈은 부자로 살라는 의미다. 그리고 가위는 바느질을 잘 하라는 뜻이고, 콩과 팥은 홍역을 하지 말라는 뜻이라고 한다. 이처럼 상을 차려놓고 아이에게 물건을 잡게 하는 돌잡이에서 아이가 무엇을 잡았느냐에 따라서 아이의 운명이 결정된다고 믿기도 한다.

한복으로 차려입은 돌복

이곳의 많은 고려인들은 아이들이 연필이나 돈을 잡기를 원하고 있다. 이것은 아이가 자라 공부를 잘해서 훌륭한 사람이 되거나, 돈을 많이 벌어서 부자 되기를 바라는 고려인 부모들의 자식에 대한 염원이 담겨져 있다. 그래서인지 몰라도 부모가 원하지 않은 것은 처음부터 아이가 잡지 못하도록 올려놓지 않는다. 또한 떡은 아이에게서 멀리 놓고, 아이가 떡을 잡으려고 하면 그릇을 옮겨 못 잡게 하기도 한다. 고려인들에게 돌잔치는 환갑 다음으로 큰 생일잔치이다.

돌을 맞이한 아이가 입는 옷을 돌복 또는 돌옷이라고 한다. 옛날에는 아이에게 돌복으로 한복을 입혔으나, 60년대 이후부터는 돌복이 사라지고 있다. 돌복은 원동에 있었을 때 입었고, 강제 이주 이후 중간에 약화되었다. 그러다가 1991년에 독립국가가 되고, 선교사들을 통해 한복이 들어오면서 아이의 돌복을 한복으로 다시 입히게 되었다고 한다. 돌과 관련된 속신어도 있는데 "돌 때 자른 머리는 평생 보관해야 잘 산다."는 말이 있다.

▌환갑

사람이 태어나서 61번째 맞는 생일을 환갑이라고 한다. 환갑날에 차리는 큰상이 환갑상이다. 이 큰상에 놓는 음식으로는 닭과 술이 반드시 있어야 하며, 그밖에 기름떡 등이 놓인다. 환갑을 맞이하는 사람은 환갑상을 받고 환갑잔치를 한다. 그런데 환갑이 되있을 때 남편이 죽었거나, 아내가 죽었으면 되도록 환갑상을 받지 않는다. 또한 결혼시키지 못한 자식이 있거나 자식이 모두 살아있지 않으면 환갑상을 받지 않기도 한다. 그리고 환갑상에는 당사자는 물론이고 당사자보다 나이가 많은 형제들도 앉을 수 있으나, 동생들은 큰상에 함께 앉지 못한다. 이밖에 환갑을 맞이하는

환갑상. 절을 하는 자녀들

환갑잔치 후에 찍은 기념사진

사람의 동미(동무, 친구)도 함께 큰상을 받을 수 있다. 환갑을 맞이한 사람이 큰상에 형들이나 동미들과 같이 앉아 있으면 자손들이 술을 올리고 절을 하는데, 순서는 아들, 딸, 손자 순이다.

환갑날에 입는 고려인들의 복장은, 서양복장을 입는 결혼식과 달리 고려인 복장을 입고 진행한다. 그리고 이들의 환갑잔치에는 고려인 음식으로 차려진다. 최근에는 이런 의식이 점차 사라져가고 있어, 환갑

상을 받는 것조차 어려운 실정이 되어 버렸다고 한다.

2. 혼례

우즈베키스탄 고려인들은 남녀 간에 만나서 혼인하는 과정을 이들 말로 '혼새'라고 했다. 현재 고려인들의 혼인 방법은 많이 변하였지만, 그래도 고집하고 있는 것은 혼인 대상자로 고려인을 선호하고 있다는 점이다. 부모들은 물론이고, 혼인 대상자인 젊은 고려인들도 거의 같은 의식을 가지고 있다.

한국에서 전통혼례는 대개 청혼이 이루어지면, 혼례 전 절차와 혼례식 그리고 혼례 후 절차로 나누어진다. 그런데 우즈베키스탄 고려인들의 전통적인 혼례 방식은 많이 변화되어서 러시아 복장을 입고 고려식 상차림으로 혼인을 하는 경우도 있다. 우즈베키스탄의 고려인 어른들이 인식하고 있는 전통혼례는 다음과 같은 절차로 전승되어 왔다고 한다.

먼저 혼례 순서는 서로의 혼인 의사를 타진하는 혼샛말이 있고, 이 혼샛말이 양가에 받아들여지면 신랑 측에서 청치(함)를 보낸다. 혼인식은 신부 집에서 먼저 치루고 난 다음에, 신랑 집에 가서 또 혼인식을 치룬다. 신부 집에서 신랑 집으로 갈 때에는 신부 측의 우시꾼들이 신랑 측 청치꾼보다 2명이 더 많게 가서 '국수 먹이기'를 행한다. 다음날 신부는 신랑 측 어른들께 인사를 드리며 '선물 드리기(폐백)'를 한다. 고려인의 혼인식을 차례대로 살펴보자.

▎혼샛말

혼샛말은 앞에서도 말했지만 '청혼하기'에 해당한다. 남자 쪽의 큰 사람이 여자 집에 찾아가 혼인 의사를 밝히고 승낙을 받는 절차이다. 고려인들의 전통혼례식에서는 남녀가 서로 만나지 않았지만, 남녀의 만남이 활발해진 요즈음에는 서로가 이미 알고 있거나, 심지어는 임신한 상태인 경우도 있다. 이럴 때 남자 쪽에서 여자 쪽에 청혼을 하는 것을 혼샛말이라고 한다. 즉 아들을 혼인시키려면 아버지나 할아버지가 여자 쪽의 아버지나 할아버지에게 술과 닭을 가지고 꼭두새벽이나 전날 밤부터 찾아가서 혼인을 허락받아야 한다. 이때 여자 집에서 허락을 하면 서방자(신랑)가 신부 측 부모에게 술을 따르고 절을 한다. 이를 '호마 왔다.'라고 한다.

혼샛말을 할 때 여자 쪽에서는 남자 쪽을 좀 골탕을 먹이거나 애를 먹이는 경우가 있다고 한다. 여자 쪽에서는 남자 쪽에서 혼샛말을 하러 올 것을 미리 알고 외출하거나 논에 나가 일을 하면, 남자 쪽에서는 여자 쪽 어른이 올 때까지 기다리거나 나중에 다시 찾아와야 한다.

그런데 현재 우즈베키스탄 고려인들의 전통적인 혼례 절차는 많이 간소화되어 있다. 이곳에 이주한 뒤에 전통적인 중매혼의 방식이 많이 사라졌다. 왜냐하면 이곳으로 이주하여 오는 동안에 사람들이 많이 죽었고, 어린애들도 많이 죽었기 때문이다. 또 북한지역의 경우에는 남녀의 직접적인 만남이 많았는데 이런 만남이 이주과정에서 더욱 빈번하여졌다. 그리고 집단농장 생활로 인하여 남녀 사이도 평등해졌다. 이에 따라 혼인 절차의 간소화는 필연적 결과라고 하겠다.

▌사주 점치기

'사주 점치기'는 혼인을 앞둔 처녀와 총각이 그들의 생년월일을 가지고 앞날이 좋을지 아닐지를 판단하기 위해서 하는 것이다. 예전에는 남녀가 혼인하기에 앞서 운명의 좋고 나쁨을 하락시(점쟁이)를 통해 점쳤다고 한다. 그런데 중앙아시아로 강제 이주된 후로는 남녀 간의 연애혼인 위주가 되면서 사주 점치기도 사라졌고, 최근에는 하락시 자체가 거의 소멸되어 사주점을 칠 곳도 없어졌다.

▌청치

청치는 남녀가 만나 서로 사귀게 되면 남자 쪽에서 여자 쪽에 혼인을 신청하는 절차이다. 한국의 납폐인 '함 보내기' 풍속의 변형으로 보인다. 청치는 신랑 측에서 혼샛말을 하여 신부 측의 승낙을 받은 뒤에, 혼인식을 하기 위해서 신부 측에 선물을 보내는 것이다. 신랑 측에서는 큰 사람을 포함하여 9명, 7명, 5명과 같이 홀수로 신부 집에 선물을 가지고 간다. 청치를 가는 사람으로는 신랑 측의 남자와 여자가 섞여가는 것이 일반적이다.

그리고 청치에 소용되는 음식으로는 반드시 닭과 술이 있어야 하며, 그밖에 여러 가지 음식과 옥이나 옷 등의 물건 등을 보내게 된다. 여자 쪽에서는 음식 같은 것은 바로 부엌으로 가져간다. 청치에서는 한국의 '함 보내기'에서 행해지는 '함잡이 놀이'가 없으나 신랑을 신부 측에 빨리 보내지 않으려는 놀이가 행해지는 곳이 있다고도 한다.

한편 혼인식 때에는 신부 집에서 선물을 싸 가지고 가는 풍속이 있다. 신랑 측에서 청치를 온 우시꾼들이 보따리를 가져오지 않고 몸만 왔으면, 돌아갈 때 여자 집에서 마련한 선물을 가지고 갈 방법이 없다. 그때 청치꾼들의 자신들의 웃옷(저고리)을 벗어 신부 집에서 마련한 혼수품을 싸야 한다. 이런 '혼수품 싸기'는 세 번까지 계속해야 한다. 이때 반드시 거울은 싸서 가져가야 한다.

▌우시

우시는 신부 측에서 신랑 측에 선물을 보내는 절차이다. 청치를 한 뒤 신부 집에서는 신랑 집에 답례로 선물을 보내기 위해 사람들을 보낸다. 이때 신부 측에서 가는 우시꾼은 신랑 측에서 온 청치꾼보다 반드시 2명이 더 많이 가는 것이 일반적 상례이며, 우시꾼으로는 남자와 여자가 섞여 가는 것이 보통이다. 우시꾼으로는 집안의 고모나 오라비, 동생이나 형이 가는 것이 일반적이다. 그리고 또 갈 수 있는 사람은 시집가서 남편과 함께 사는 사람들이나 시집 안 간 새애기도 갈 수 있다. 그런데 혼인했다가 파혼한 사람은 갈 수가 없다고 한다.

▌ 국수 먹이기

'국수 먹이기'는 신부 측 우시꾼들이 신랑의 집에 도착하여 행하는 놀이이다. 신부 측의 우시꾼들이 신랑 집에 가서 신부 측 큰 사람(큰 우시꾼)의 다리를 거꾸로 매달아 놓고, 신랑 측에 색다른 음식을 요구하는 놀이이다. 이런 '국수 먹이기'에서는 신부 측 큰 사람은 딸을 생각하여 사돈댁을 변호하고 신랑 편을 들지만, 신부 측 다른 우시꾼들은 오히려 신랑 측에 더 좋은 음식을 요구한다. 요구하는 음식은 주로 돼지다리 한 짝이다. 그런데 큰 우시꾼의 설명이 이해가 되면 우시꾼들은 거꾸로 매달았던 것을 풀고, 함께 음식을 먹는 것으로 놀이가 끝난다. 이것은 한국에서의 '신랑 달기'의 변형으로, 양가의 우의를 돈독하기 위해서 행해지는 풍속으로 보인다.

이런 '국수 먹이기' 풍속이 사라지게 된 유래담이 전하고 있다. 혼속(婚俗)에 관련되어서 만들어진 설화이다. 신부 측에서 우시꾼들이 신랑 집으로 우시를 갔다. 큰 우시꾼을 매달아 놓고 '국수 먹이기'를 하고 있는 도중에, 마침 그 집에서 불이 나게 되었다. 그래서 사람들은 모두 피하기에 급급하여 묶어 놓은 큰 우시꾼을 풀어줄 생각을 못하고 자신들만 피하였다. 사람들이 피하고 불을 끄는 사이에 묶여 있던 큰 우시꾼이 그대로 죽음을 당하고 말았다. 이후로 혼인식에서 이런 '국수 먹이기' 풍속이 없어졌다고 한다.

▌혼인식

신랑 신부가 날을 받아서 혼인을 하는 절차이다. 혼인은 먼저 신랑이 신부 집에 가서 큰상을 받게 된다. 옛날에 마시나(자동차)가 없을 때는 신부가 신랑 집에 갈 때 말수기(말 수레)를 타고 갔다. 신랑 신부는 한국의 초례에서처럼

혼인식에서 신랑 신부가 받은 혼인상

대례상 양편으로 나누어 서지 않고 상 앞에 나란히 서서 어른들에게 절을 한다. 이렇게 신부 측 어른들에게 절을 드리는 것이 신부 집에서의 혼인식이다. 이것이 끝나면 대개 그날로 신랑은 신부를 데리고 자기 집으로 와서 역시 큰상을 받는다. 이때도 신랑과 신부는 나란히 앉거나 서서 어른들에게 절을 드린다. 신랑 집 혼인 상에는 반드시 수탉을 올린다. 계란으로 양쪽에 눈을 만들어 붙이고, 아들 낳으라고 닭의 입에 빨간 고추를 물리고, 오래오래 살라고 청실홍실을 수탉 위에 올

려놓는다.

그런데 이미 임신한 신부의 혼인상은 좀 색다른 면이 있다. 혼인식을 할 때 신부가 임신을 하였으면 한국에서는 흉이라 하여 감추었으나, 우즈베키스탄 고려인들은 임신한 것을 흉으로 생각하지 않는다. 오히려 아이를 가진 것을 좋게 여긴다. 임신한 아이를 위해 큰상 아래에 아이의 몫으로 작은 상을 따로 차려 놓는다. 그 아이를 위한 상에는 무엇을 놓았는지 구체적으로 알 수 없다. 그리고 혼인상에는 어떤 경우든지 대개 닭을 놓지만, 지금은 반드시 그렇지 않은 곳도 있다.

▌ 선물 드리기

'선물 드리기'는 혼인식을 마친 다음날 시댁 어른들에게 인사를 드리는 것이다. 우리의 폐백과 같다. 신랑이 청치를 통해서 신부 측에 '함 보내기'를 하고 나면, 신부 측에서 답례로 우시꾼을 보내어서 신랑 집에 선물을 들고 간다. 이렇게 가지고 간 선물은 혼인식을 마치고 신부가 신랑 측 어른들에게 인사를 드릴 때 올린다.

▌ 재행(再行)

재행은 여자가 혼인식을 마치고 남자 집에 시집와서 살게 된지 3일째 되는 날에 친정집으로 가는 것을 말한다. 한국에서는 신랑이 혼인을 하고 신부 집에 머물다가 자기 집으로 가는 것을 재행이라 하는데, 우즈베키스탄 고려인들은 결혼하고 곧 바로 신랑 집에 갔다가 3일 후에 신부 집으로 가는 것으로 바뀌었다. 일부지역에서는 재행할 때 남자 쪽에서 받은 상차림 음식을 싸 가지고 그날로 되돌아가기도 한다.

▌ 문안인사

문안인사는 신부가 자기 친정집에 다녀오는 재행을 마친 뒤에 그 다음날부터 시부모에게 아침인사를 드리는 것을 말한다. 문안인사는 대개 3일로 끝난다. 아침에 문안인사를 드릴 때는 밥을 하지 않다가 그만두게 되는 사흗날에 아침밥을 해서 시부모에게 올린다. 이후에 여자는 출가외인이라고 하여 친정집 출입을 거의 하지 않고, 남편 집 가족의 일원으로서 부엌일을 시작한다.

▌ 회혼례(回婚禮)

회혼례는 두 사람이 결혼한 지 61년이 되는 해에 결혼식을 다시 하는 의식이다. 회혼례를 할 때에는 큰상 받는 것을 주변에 알린다. 회혼례에 아버지와 어머니가 살아계시면 따로 상을 먼저 올린다. 회혼례는 상을 받기 때문에 닭을 옆에다 놓고 혼인식을 한다. 회혼례는 처음 혼인식을 하였던 것과 같이 신랑 신부의 각 우시꾼들을 동원하여 행사를 진행한다.

▍혼인 관련 속신어

혼인과 관련된 속신어로 다음과 같이 몇 가지가 전한다.

"여자 집에서 주는 밥 속에 넣은 달걀 서이(셋)를 먹으면 아들 서이를 낳는다."

(이것은 신랑이 신부 집을 떠날 때에 밥 속에 넣어준 계란 세 개를 먹으면 아들을 낳는다는 것이다.)

"여자가 아기를 임신하였을 때 상가에 가면 좋지 않다."

(이것은 임신한 산모가 상가와 같이 흉한 곳에 가면 태아에게 좋지 않을 것이라는 주술적 의미가 담겨 있다.)

"쌀 커대(포대)를 밟으면 복을 받는다."

(이것은 혼인식을 한 신부가 신랑 집으로 갈 때에 차를 이용하는데, 차에서 땅으로 직접 내리기보다는 차문에 놓은 쌀 커대를 밟고 내리면 부유하게 산다는 것이다.)

3. 상례와 제례

우즈베키스탄 고려인들은 사람이 죽어서 가는 공동묘지 혹은 무덤이 있는 곳을 '북망산(北邙山)' 또는 '산 (山)'이라 한다. 어른 세대들은 젊은 세대와 달리 러시아어 어휘 '공동묘지[Кладбище]'보다 자신들의 언어로 지칭하는 빈도가 훨씬 높다. 죽어서 북망산에 가는 고려인들의 상례16) 질자에 대해 살펴보자.

시온고 공동묘지

고려인들의 장례식은 3일간이다. 3일을 하는 이유는 다시 살아날 수 있다는 의식에 비롯되었다는 설화가 전한다. 장례 3일 동안의 구체적이고 자세한 일정은 알 수가 없지만, 대개 첫날에 수시(收屍)를 하여 칠성널(칠성판)에 올려놓았다가, 관이 오면(대개 2일째) 입관을 한다. 그렇다고 입관(入棺)을 하는데 한국처럼 염(殮)을 단단하게 하는 것이 아니기 때문에 큰 의미가 없다. 그리고 3일째 묘지에 묻는 치장(治葬)을 하게 된다. 그리고 묘지에 매장하고 돌아와 반혼제(返魂祭)를 지내고 이틀 뒤에 묘소에 찾아가는 재우제(再虞祭)를 지내는 것이 일반적이다.

▌죽은 지 사흘에 장례를 지내는 이유(설화)

그래 여기 우즈베키스탄 사람들은 사람이 죽으면 이췬(묘지?)에다 일찍 파묻어. [통역: 바로 그날에.] 그날에 파묻어. 이췬에다 장사를 해. 조선 사람들은 사흘에 있제.

---

16) 장례풍속은 현지답사 기간 중에 현장을 목격하였으므로 여기에 생생한 사진 자료를 소개한다.

어째서 사흘 지고 있는가 하니까네, 이전에 밀례(密禮)란 것 알지? 다른데다가 이장하는 것. 우리는 여기서 밀례라고 하지. 그래서 아버지 상세 나서 다른 곳, 다른 도시나 다른 나라로 가서 제를 지내자면, 여기는 제를 지내면 자꾸 먼 데서 오자니까는 바쁘지. 그래서 밀례라는 것을 해.

그래, 아버지 게(것을) 싹 파고 제거하니까니 뼈가, 이렇게 산비탈 누워서 뼈 있는디, 그 뼈가 싹 사라졌단 말이여. 그러니까니 밀례한 그 사람이 채 죽지 않았단 말이여. 죽었다고 장사했는데. 그래 관 안에서 나오다가 애를 쓰며 자꾸 달라지고 이랬겠지. 그러니깐 뼈(뼈) 이렇게 오로무지 단지, 이짝이 억지로 이렇게 된다 말이여. 그 사람이 나오다, 나오다 못 나오고 죽었단 말이여. 그래가지고서 조선 사람들이 사흘 동안 집에서 장사 안 지내. 거기서 살아나겠는가. 고려 습속이 이렇게 된 거여.

▋ 죽음 확인하기

오늘날에는 임종을 의사가 확인하지만, 과거에는 집안사람들이 이를 판별하였는데 주로 호흡으로 죽음의 여부를 확인하였다. 임종을 확인하는 방법으로 한국에서는 솜털을 코에 갖다 대어 움직임으로 확인하였다. 그런데 고려인들은 얼굴에 화기가 나오면 살아있고 없으면 죽은 것으로 판단하거나, 맥을 집어보고 맥이 뛰지 않으면 죽은 것으로 확인하였다. 또 코에서 힘이 나오는지 안 나오는지를 시험하였으며, 전통적인 방법으로 거울을 코에 대고 김이 서리는지 아니하는지에 따라 확인하기도 하였다. 그런데 이런 전통적인 방식은 1950년대 이전에 사라졌다고 한다.

▌ 혼 부르기

죽음이 확인되면 '혼 부르기'를 한다. 이 '혼 부르기'는 한국에서 고복(皐復) 같은 것으로, 현재 고려인들의 상례 절차에서 가장 중요한 것으로 남아 있다. 고려인들은 사람이 죽으면 그 사람의 웃옷을 가지고 지붕에 올라가서 혼을 부른다. 혼을 부를 때는 죽은 사람의 이름만 부르거나 주소와 이름을 부르면서, "저승에서 와서 빨리 데려가라", "내 복 가져가시오, 내 복 가져가시오."라고 한다. 한국에서는 혼을 부를 때 망자의 주소와 이름을 부르고 "복, 복, 복" 하거나 주소와 이름을 부를 때마다 '복'을 하기도 하며, 그냥 '복, 복, 복'이라고 한다.

이런 '혼 부르기'를 옛날에는 지붕에 올라가서 하였으나, 요즘 고려인들은 문밖에서 하는 것으로 변형되었다. 이 '혼 부르기'를 마치기 전에는 가족들이 울지 않는데. '혼 부르기'는 죽은 영혼을 집에서 빨리 떠나가게 하기 위하여 밖으로 불러내는 것이라고 한다. 한국의 고복은 떠나는 영혼을 집으로 불러드려 살아나기를 바라는데, 이곳에서는 영혼이 빨리 떠나기를 바란다는 반대 개념이다. 이런 혼 부르기를 하는 사람이 마을에 한두 명이 있는 곳도 있으나, 없는 곳은 마을에서 제일 나이 많은 사람이 이를 행한다고 한다.

▌ 사잣밥 차례 놓기

외부에 차려놓은 사자상

'혼 부르기' 의례가 끝나면 사잣밥을 차려놓는다. 제보자에 의하면 일부 고려인들은 사잣밥을 대문 밖에 잠시 차려놓았던 것 같다고 하는데, 대부분의 고려인들은 사잣밥을 시신의 머리맡에 차려놓는다. 사자상에는 밥만 세 그릇을 놓는다. 인간은 '3혼 7은'으로 골, 몸, 다리에 각각 혼이 있어 '3혼'이고, 7은은 7곳을 다니기 때문이라고 한다. 그래서 사자상은 밥 세 그릇을 해서 머리맡에 놓는다. 이 밥은 상여가 나갈 때 물가에 가서 띄워버린다.

▌ 칠성널

죽은 사람의 시신을 뼈가 부러지지 않도록 간단히 묶어 칠성널(칠성판)에 올려놓는다. 이는 우리나라에서 수시(收屍)하는 방식과 비슷하다. 옛날에는 7개의 구멍을 뚫어 북두칠성과 같다하여 칠성판이라 하였으나, 지금은 그런 표식이 없는 널판에 시신을 얹어 놓는다. 고려인들은 칠성널의 너비가 되도록 좁은 것을 사용한다고 한다. 왜냐하면 죽었던 영혼이 되돌아와 살아나게 되면 널에서 떨어지도록 하기 위해서라고 한다.

고려인들의 설화 가운데 칠성널에서 떨어져 살아났다는 이야기들이 보이기도 한다.

향도차에 미리 실어놓는 칠성널

▌입관(入棺)

칠성널에 시신을 안치하였다가 관이 오면 시신을 관에 안치하게 된다. 집에 따라서 관이 올 때 염을 함께 처리하기도 한다. 관이 오면 죽은 사람의 손톱과 발톱을 깎아 조그만 4개의 주머니에 넣어 관 안에 넣는다. 그리고 입안에 불린 쌀을 물리면서 양식으로 가져가라 하고, 관 안에 돈도 넣어 노잣돈으로 가져가라 한다. 화투를 좋아하는 사람은 화투도 넣어 준다고 한다. 염을 할 때 시신을 단단하게 묶지는 않는다.

입관 방식은 관에 칠성널을 넣는 경우도 있고, 아니면 빼서 옆에 세워 놓았다가 관이 나갈 때 처리한다. 처리 방식은 사잣밥과 같이 물가에 띄워 보내거나, 묘소에 가서 관과 함께 태워버린다.

우즈베키스탄으로 이주한 고려인들은 이주할 당시에 판자가 없었음에도 불구하고 사람을 매장할 때 관을 사용하였다고 한다. 이주 초기에 나무 관이 없을 경우에 갈대로 멍석을 만들어 죽은 시신을 둘러서 내가기도 하였다고 한다. 이후에 생활이 안정이 되자 관을 이용하여 장사를 치렀다고 한다.

염이 끝나면 한국에서는 관 뚜껑을 덮고 못을 박아 열지 못하게 하지만, 이곳 고려인들은 관에 시신을 넣은 다음에 관 뚜껑을 덮지 않고 옆에 세워 놓는다. 이렇게 하는 것은 손님들이 죽은 사람을 언제든지 볼 수 있도록 하기 위해서라고 한다. 이렇게 변형된 것은 강제 이주한 후에 멀리 떨어져 있는 자식들도 돌아가신 분을 볼 수 있도록 하려는 배려에서 비롯된 것이 아닌가 한다. 또 관을 밖으로 내와 간단하게 지내는 발인제(發靷祭) 때에도 뚜껑이 먼저 나오고 뒤에 관을 내온다고 한다. 관 뚜껑은 산소에 가서 마지막에 나무못으로 못질하는 것이 일반적이지만, 일부는 방안에서 나온 직후에 못질을 하기도 한다.

이곳 고려인들은 칠성널에 놓인 시신과 입관된 시신에 대해 인식을 달리 한다. 칠성널에 놓인 경우는 아직 죽지 않은 사람으로 인식하여 한 번 절을 하지만, 관에 입관하면 죽음 사람으로 인식하여 세 번 절을 한다.

염을 한 뒤에는 죽은 시신을 나타내는 명정을 쓰게 된다. 명정 쓰기는 이주 초기에는 원동에서 쓰던 방식과 같았으나, 점차 한자 문화를 상실하면서 한자의 사용이 불가능하게 되었다. 거기에다 러시아식 이름이 많아지면서 현재는 명정을 한글로 쓰기도 하고, 심지어 러시아어로 쓰기도 한다. 그리고 하관할 때 아들이 없는 집에서는 명정을 뒤집어 넣는다고 한다.

▌고별제(告別祭)

운구차이자 향도차가 오기 전에 방 안에서 고별제를 지낸다. 고별제는 가족과 친척, 그리고 일반 조문객이 망자에게 고별하는 의식이다. 우즈베키스탄 고려인들이 제사상을 차릴 때 상차림에 꼭 들어가야 하는 음식이 닭이다. 이것 외에는 전통적인 음식도 있지만 현대

방 안에서 지내는 고별제

적 제수 물품으로 바뀐 것도 있다. 제사상 주변에는 꽃병을 놓아둔다. 가족과 친척이 모여 있는 속에서 제사상이 차려지면 가족들은 슬픔을 짓는다.

우선 아들이 술을 올리는데, 시온고에서 목격한 장례식에서는 술을 상례 집행자가 따라 아들에게 준다. 아들은 술을 받아 제사상의 시계 반대 방향으로 세 번을 크게 돌린 다음에 상례 집행자에게 준다. 술을 상 위에 놓으면 아들은 큰절을 세 번 한다. 큰절을 할 때 아들과 가족들은 무릎과 머리가 바닥에 닿을 정도로 절을 한다. 아들의 절이 끝나

면 상례 집행자는 제사상의 밥에서 수저로 세 번 밥을 떠서 물에 만다. 그런 다음에 포크를 다른 음식으로 옮기고, 술을 퇴주잔에 따른다. 딸을 비롯하여 친척들과 일반 조문객도 술을 올리는 사람은 세 번씩 절을 하지만 밥을 물에 말지는 않는다. 그런데 조문객들 중에서는 큰 절 대신 무릎만 굽히는 것으로 예를 표하기도 한다.

고별제에 사용한 밥을 땅에 묻음

고별제가 끝나면 집례(執禮)를 맡은 사람은 처음에 밥을 말았던 물그릇을 가지고 밖에 나와 텃밭을 파고 땅에 묻는다. 그리고 향도차가 오기를 기다린다. 향도차가 오면 집례자는 칠성널을 향도차의 바닥에 얹어 놓고 시간을 맞추어 밖에서 다시 발인제를 지낸다.

고별제를 마치고 관을 방 밖으로 모시고 나오기 전에도 마당에서 간단하게 제를 올린다. 시간이 되면 관을 방안에서 집 밖의 향도차로 운구한다. 운구하기에 앞서 관 뚜껑을 먼저 내온 다음에 관을 내온다. 관을 운구하는 사람은 자식이나 친척들이 하지 않고 인근 사람이 한다. 그런데 죽은 사람은 산 사람과 달리 문턱을 한 번만 넘어야 한다. 고려인들의 집안 구조로 보았을 때 여러 번 문턱을 넘어야 하기 때문에, 주로 창문으로 나온다. 따라서 일부에서는 창문을 도끼로 찍고 문으로 나오거나 카펫, 방석이나 두꺼운 담요로 문턱을 덮어 표시가 나지 않게 하고 나오기도 한다. 관은 사람이 죽으면 만들지만, 자신의 생전에 자기가 들어갈 관을 만드는 것을 기쁜 일로 여기기도 한다. 그러나 관이나 준비한 수의를 만드는 데 윤달이란 제약은 없다.

▌발인제(發靷祭)

원래 관을 마시나(운구차)에 싣기 전에 땅에 놓은 다음에 술을 올리고 절을 하는 것이 발인제이다. 시온고의 상례의 모습에서는 마시나에 관을 올려놓고 발인제를 지내고 있었다. 운구 도중에 지내는 노제는 이곳에서 지내지 않았다. 다만 다리를 건너갈 때 말을 하지 않아야 한다는 속신이 있었다. 묘소에 도착하여 시신을 바로 매장하지 않고 내려놓은 뒤에 사람들이 간단하게 제를 지낼 수 있도록 하였다. 이것은 한국에서의 노제가 산소로 옮겨진 것으로 추정된다. 설 전날에 상세가 났을 때 매장하는 방법은 일반적인 3일장과

비슈케크의 발인제 모습.
관의 뚜껑을 열어 놓고 얼굴도 덮지 않음.

시온고에서는 발인제를 지낼 때 방에서 관 뚜껑을 닫고 나와 항도차에 얹어놓고 지냄.

다르게 지낸다. 즉 설 전날에 죽으면 장례를 2년 동안 치루기 때문에 죽은 당일로 서둘러 장례를 지낸다고 한다.

▌하관(下棺)

항도차에는 여자들만 타고 공동묘지로 이동

망자가 묻힐 유택

묘지에 도착하여 하관시까지 관 뚜껑을 열어놓고 손님을 맞이한다. 이에 앞서 고려인들은 죽은 사람을 집 안에서 모시는 3일 동안에 산에서 묘지를 만든다. 산에서는 묘지를 파기 전에 산신제 혹은 후토제를 지내고, 땅을 파기 시작한다. 그리고 시신을 운구해 오면 매장하기 전에 마지막 제사를 지내고 하관을 하게 된다.

이곳에서 매장하는 방식은 관을 통째로 넣는 매장법이 일반적이라고 한다. 매장할 때는 우선 관의 뚜껑을 덮고, 관을 광중 속에 넣는다. 즉 하관 시간이 되면 관 뚜껑을 덮고 못질을 한 뒤에 명정을 덮고 하관하게 된다.

그런데 시온고의 상례에서는 관이 방안에서 나올 때 이미 명정으로 관 뚜껑을 감아 쌓아 관을 덮었음으로 그대로 하관하였다. 매장하는 방식은 일반적으로 해가 뜨는 동쪽으로 머리를 두는 것이 좋으나, 우즈베키스탄 시온고에서는 공동묘지이기 때문에 마음대로 쓰는 것이 아니라 정해진 위치에 묘지를 쓸 수밖에 없었다. 따라서 이런 의식이 거의 없어졌다고 한다.

하관 장면

관은 흙으로 묻게 되는데, 상주로부터 시작하여 사람들이 손으로 흙을 세 번씩 넣어 묻기 시작한다. 이때 가족이 먼저 하는 것이 일반적이지

손으로 광중에 흙을 넣기

만, 시온고에서는 아무나 빨리 묻도록 하고 있었다. 죽은 사람을 매장할 때, 그곳에 매장하는 장면을 보지 않아야 될 사람이 있다. 이런 사람은 아무리 상주라고 할지라도 매장할 때는 잠시 피하여 있다가, 하관한 뒤에 봉분 만드는 것을 보아야 한다고 했다. 제보자는 구체적인 이유는 알지 못한다고 했다.

하관을 한 뒤에 상주로부터 흙을 집어 광중을 메워 나간다. 이것이 끝나면 일꾼이 흙은 모아 무덤의 봉분을 만들기 시작한다. 이렇게 봉분을 다 만들고 난 뒤에 음식을 차려놓고 마지막 제사를 지낸다. 그런데 묘지를 방문하였을 때 봉분을 다 만들지 않고 봉분의 외곽과 나머지 부분을 남겨놓은 채 가족이 돌아간 묘지들이 발견되었다. 이를 보면 묘지를 완성하지 않고 제를 지내는 것으로 보인다.

▌봉분제(封墳祭)

묘지를 고른 뒤에 지내는 봉분제(평토제)

봉분제는 무덤을 다 만들고 난 뒤에 음식을 차려놓고 제를 지내는 것이다. 그런데 이곳의 무덤들은 봉분을 만들지 않기 때문에 우리의 평토제(平土祭) 같이 지낸다. 봉분제는 집안의 고별제와 비슷하다. 무덤이 평평해지면 제상을 차려놓고 큰 아들부터 술을 올리고 큰절을 세 번씩 한다. 이때도 집안의 고별제처럼 아들이 절을 한 뒤에 자식들(아들, 딸) 그리고 친척과 일반 조문객이 차례로 절을 한다. 집안의 고별제와 달리 이곳에서는 술을 퇴주잔에 따르지 않고, 상례 집례자가 무덤에 세 번씩 나누어 뿌렸다.

묘소를 쓰고 집으로 돌아올 때는 갈 때 마시나(운구차)로 갔기 때문에 지름길을 이용해서 온다. 옛날에는 시신이 나갔던 길과 다른 길로 돌아와야 했지만, 현재는 길이 하나이기 때문에 그길로 되돌아온다. 실제로 길이 여러 갈래 있어도 집에 돌아오는 방법은 운구하였던 길과 상관없이 아무 길로나 돌아온다고 했다.

▍반혼제(返魂祭)와 우제(虞祭)

반혼제는 묘소에 시신을 모시고 집에 돌아와서 지내는 제이다. 집으로 돌아와서 시신을 모셨던 장소에 음식을 차려놓지 않고 곡만 한다. 그리고 가족, 친지 그리고 조문객 모두가 카페로 나가 함께 음식을 먹는다.

우제는 무덤을 쓰고 와서 다시 무덤을 찾을 때 지내는 제이다. 이곳에서는 한국에서와 달리 이튿날 산소에 가는 재우재를 더 큰 것으로 알고 지내고 있으며, 삼우제를 지내지 않는 경우도 있다고 한다.

▍소상(小喪)과 대상(大喪)

소상은 장례를 치루고 난 지 1년째에 지내는 제이다. 이것은 집안에 제사상을 차려놓고 제를 지내는 것으로, 친척과 인근의 사람들이 참석하여 부조도 한다.

대상 혹은 탈상은 장례를 치루고 2년째 지내는 제이다. 이곳 우즈베키스탄 고려인들은 대상을 치르고 나면 더 이상 집안에서 제를 지내지 않는다.

▍묘제(墓祭)

장례를 치루고 3년째부터 묘소에서 제사를 지낸다. 이곳 고려인들

은 4대 봉사 후에 묘소에서 제를 지내는 한국과 달리 3년째 제사부터
는 무덤에 가서 지내게 된다. 묘소를 찾아갈 때는 반드시 닭과 술을
가지고 가며, 그밖에 기름떡과 과일을 준비하여 간다. 묘소에서 제사
를 지내는 절차와 방식을 보면, 상에 음식을 차리고 난 뒤 큰아들부터
가족별로 절을 한다. 아들이 끝나면 다음에 딸이 절을 하게 되어 있
다. 성묘가 끝나고 나면 음식 중에 일부를 남겨 놓고 나머지를 가지고
묘소 인근이나 카페, 음식점에서 나누어 먹는다. 무덤에서 지내는 묘
제는 돌아가신 날에 지내는 것이 아니라, 주로 한식, 단오, 추석에 지
내고 있다. 그리고 극히 일부만 설날에 성묘를 하였다고 한다. 그리고
1937년 강제이주 이후에는 러시아 법만 따르면서 고려 법을 다 잊어
버렸다고 한다.

▌기타 상례 풍속

한편 여자가 임신한 상태에서 죽었을 때는 뱃속의 아이를 꺼내서
무덤을 따로 만들어 주었다고 한다. 한국에서는 이런 통과의례에 대해
보고된 바가 없다. 그런데 우즈베키스탄 고려인들은 임신이라는 사실
을 강조한 의례풍속이 결혼에서 보이는 것처럼 상례에도 보이고 있는
것이 특이하다. 그리고 고려인들은 제사상 차림에서 정성을 들여서 차
리는 것을 가장 중요시한다. 제사상에 반드시 올라가는 음식은 닭이
다. 닭은 결혼식이나 제사상 등에 올라가는 음식으로, 동방, 밝음, 빛

을 의미하므로 잔치 상에 많이 사용된 것으로 보인다. 그 밖의 음식물 중 일부는 전통적인 것이 있는가 하면, 일부는 이주하면서 이곳의 음식들로 변형되어 상에 올리고 있었다. 심지어 현대화되면서 사탕 같은 것도 올리고 있었다.

▎산에다 음식을 많이 남겨두는 이유

이것은 타쉬켄트 시온고 마을에 사는 이 라이샤가 제보한 내용이다.

제사는 산에 가서 지내요. 돌새(1년마다), 돌새는 저 산에 가 지내고 서리 가게에 갑니다. 식당에 가서 나그네들 와서 이래 잡수고. 3년을 그렇게 하고, 그 다음부터 한 해에 한두 번 산을 댕깁니다. 1년에 두 번씩 댕길 때도…

그런데 산에 갈 때도 음석 다 갖춰 챙겨 놓고, 술을 부어 놓으매, 맏아들이 송구(?) 부르면. 둘 번째 아들이, 딸이 한쪽에 부셔놓고 절을 하지요. 절을 다 하고 조금 앉아 있다가 음식을 이렇게 싸지요. 그리고 그 음식을 요맨한 종이에다 싸서 그 자리에다가 놓고 옵니다. 그거는 어째 그러는가, 우리 낭군님을 상세 난 다음에 내 꿈에 와서 이런다 말이여.

"당신이 어째 왔는가?"

"내, 그저 집에 돌라왔다."

장례를 치루고 산에 남겨놓을 음식을 챙기는 집례자

"그래 당신 굶기에서 무스기 잡수 었는가?"

"내가 너네 제 지내지 않는가. 그 보에다 싸 놓은 것 그것 먹고 산다."

이렇게 들었어, 꿈에. 그래 나는 정말 산에 가서 음석 많이 준다고. 싹 이만큼 숨겨두고서리. 그 아바이 내 꿈에 와서 이렇게 말을 하지.

[청중: 저희들은 쪼금씩 놓고 오지, 죽은 사람 거기서 먹으라고. 밥은 쪼금 덜어서 놓지. 거기 우즈벡 못 사는 사람들이 거기 있다가 주서다 먹지. 쪼금 놓는 사람이 귀신이 에고 주지. 그런데 우리 할머니는 그것 많이 놓고 오지.]

그래 꿈에도 없다 말도 못 하네요. 음식이 없다 말도 못 하지요. 그래 그것 생각허고 그 다음부터 이자 많이 두고서리,

"이래 잡수라고 하지."

▌큰절하는 방식

큰절은 정식으로 절을 하는 방식이다. 즉 혼례, 상례, 제례 등에서 약식으로 절을 하지 않고 정식으로 절을 하게 되는데, 이런 절을 큰절이라고 한다. 이곳 우즈베키스탄 고려인들이 큰절을 하는 방식은, 살아있는 사람에게 한 번, 돌아가신 분에게 세 번을 절을 한다. 이곳 고

려인들이 절하는 방식은 엎드려 절을 할 때마다 고개를 세 번씩 조아린다. 이것은 전통적인 큰절의 방식이 이곳에서 지켜지고 있다는 것을 의미한다.

▌상례와 관련된 속신어

상례와 관련된 속신어를 보면,

"폐병으로 죽은 상갓집에 가서는 고기음식을 먹지 않아야 한다."

(이것은 폐병의 환자가 죽을 때 폐에 있던 병균이 숨을 통해서 몸 밖으로 내보내는데 그 병균이 고기 음식에 더욱 잘 쌓이기 때문이라고 한다.)

"상가 집에서는 고양이를 먼저 치운다."

(이 속신어는 고양이가 있으면 시신이 일어난다고 하여 먼저 치운다고 한다. 이 속신어는 집의 구조가 변화함에 따라서 변형되어 전승된 것으로 보인다.)

제 4 장
고려인들의 생애담

고려인들의 생애담

1. 허 세르게이의 나들이

허 세르게이는 원동에서 이곳 중앙아시아로 이주할 때 12살이었으므로 당시의 이주 상황을 잘 알고 있었다. 또한 7년제 고려학교를 마쳤기 때문에 고려 말을 잘한다고 했다.

▎러시아어를 모르던 청소년 시절

나는 원동에서 4학년까지 고려인 학교를 다녔고, 중앙아시아로 온 뒤인 38년도에 고려인 학교 5학년에 들어갔지요. 5학년부터 7학년까지 다녔는데, 7학년이던 40년도까지 고려 사람들은 싹(모두) 고려 말을 배웠습니다. 7학년까지 배워서 고려 말을 잘하고 고려 글을 잘 읽었지요. 원동에서부터 고려 글을 읽었으니 말도 잘 하였습니다.

허 세르게이

40년에 7년제를 마치고, 8학년부터 러시아 글을 읽은 체하였지요. 그렇지만 러시아어를 모르는데 글을 어떻게 읽겠는가? 그래 부모님들이 가라고 해 학교를 댕겼지만, 러시아어를 읽어내지 못하였지요. 더욱이 치르치크 내의 선생들은 모두 고려 선생으로 그들이 러시아 글을 가르쳐 주었는데, 선생들도 러시아 글을 잘 모르고 있었어요. 러시아 사람인 선생님들이 없다보니까 러시아어를 제대로 못 배웠지요. 게다가 러시아어 시간은 당최 재미가 없어서 아침에 한두 시간만 읽고서 아이들이랑 고기잡이나 하였지요. 아이들은 8학년과 9학년 2년을 읽었으나 러시아어와 말을 잘 몰랐어요.

▌타쉬켄트에서 학생 봉사활동

나는 9학년 마치고 러시아 학교에서 10학년까지 다녔어야 하였지요. 그러나 고려 사람들은 10학년을 배우지도 못하고 시간을 보냈지요. 43년도는 전쟁이 있었던 때니까. 그때 나는 16살이 되었어요. 학교 마치고 나니, "너희는 여기로 와서 일을 해야 된다."라고 해서 타쉬켄트에 가서 일을 하게 되었지요. 전쟁 때이니까 못도 치고, 그래 성두(?)에 칠을 하였지요. 그곳은 예쉬(폭탄)에 들어가는 철을 치게 하는 것을 만들어 전쟁판으로 내가는 철을 만드는 곳으로, 그곳에 가서 일을 하게 되었지요.

43년 3월에 맹장을 앓아 아파서 밤에 연구소로 나왔지요. "어떻게 왔소?"라고 묻는 말에, 사실을 이야기하고 맹장수술을 받았습니다. 맹장수술을 하고, 5월 한 달 보(조섭)해가지고 집으로 갔지요. 맹장수술을 하고는 조합으로 돌아갔지요.

그곳 콜리아르네 콜호즈 조합에 갔는데, 그 마을은 칠성별 마을, 김병화 아버지가 원동에서 만든 조합이었어요. 치르치크에 와서 그 조합을 다시 조직하여 일을 하였지요. 병원을 나와서 그 조합으로 갔습니다.

▌군대 대신 봉사 생활

조합에 가니까 17살 먹은 26년생, 우리 고려 아이들을 전부 전쟁판으로 보낸다고 하였습니다. 전쟁 때이니 군대에 싹 보낸다고 하니까, 조합의 회장이나 큰 사람들이 저녁마다 지아비를 싹 불러다 놓고 이야기를 하였지요. 김병화는 자빌로(자기 스스로) 군대에서 살다가 온 사람이었습니다. 군대에 있던 사람이 여러 날 군에 보내는 것으로 고민하였지요.

1926년생들을 데리고 간다고 하였지요. 우리 김병화 콜호즈에서도 26년생들 13명이 가게 되었습니다. 그런데 나는 25년생이니까 아예 보내지 않았는데, 구역에서 26년생이 거의 갔기 때문에 스스로 자원하게 되었지요.

"전쟁 때 전쟁판에 26년생을 보냈는디, 나는 25년생이라도 가겠다. 자원하여 군대를 가겠다."라고 했지요. 그러자 타라고 했어요. 문서를 만들어서 25년생을 26년생으로 바꾸고 이름을 종승이라 하고 빼찌도 만들었어요. 결국에 우리 고려 사람 650명 정도가 카자흐스탄으로 갔어요. 1943년 음력 12월에 26년생들이 모두 다시 우즈벡 타쉬켄트로 갔지요. 650명의 고려 사람들은 소랑 말을 싣고 다니는 부슬기(화물기차)에 실려 가서 여덟 달 동안 일을 했어요. 여덟 달 동안 군대 법을 배웠지요.

내가 옆 사람보다 사회에 대해 많이 알고 있으니까, 우리를 전쟁판으로 데려가지 아니하고 몹쓸 죄인들을 실어다 놓은 제일 북쪽의 추운 꼬미아쓰쎄르(지명)라는 곳으로 데려간다고 하였어요. 우리가 집에서 출발할 때는 정말 전쟁판으로 가는 줄 알았는데, 10년이나 15년 이렇게 형량을 맞은 죄인들에게 갔지요. 러시아 사람들은 우리 고려 사람에게는 총대를 주지 않았어요. 그런데 650명의 고려인을 떡 보내게 된 거예요. 그래서 우리는 아메리카 '댄베'란 미국 마시나(차)에 타게 되었어요. 그리고 자동차에 앉아서 100㎞를 갔어요. 고려인들은 전쟁이 난 곳으로 가는 줄 알아서 다들 가겠다고 한 것인데, 알고 보니 꼬미야쓰쎄르는 일만하는 곳이었어요. 그러니까 고려인을 군대로 안 보내고, 독일 사람들 잡아가듯이 그 포로들과 같이 살게 한 것이지요. 그런 곳에 가니까, 그 젊은 사람들이 부지런하더라고요. 어떤 고려 사람들이 군대를 간다하니까, 다섯 사람들이 보내달라고 그랬지요.

그 중에 글을 읽는 사람들은 빼서 군대를 보내거나 전장에 참여하게 만들었어요. 넉 달 동안에 거기 있다가 다른 데로 갔었지요. 다른 데로 가는 날이 딱 되어서, 우리는 군대로 가는가 했어요. 우리는 죄다 고려 사람들이라서 질서도 없었어요. 그리고 섣달은 우리에게 매우 추운 그런 때였지요.

꼬미야쓰쎄르에 도착해서 그들이 우리에게,

"내리라오."

그랬어요. 어디로 왔나 보았더니, 그곳은 맨 소비에트 국가 도처에 살인한 죄인들이 모여 있는 곳이었지요. 그들이 우리 모두에게,

"내려와서 앉으라오."

그랬지요. 그 후에 사람을 30명, 35명 등으로 나누어 그 추운데 그러시 마시나(차 덮게 없는 차)에 그냥 싣고 갔어요. 칠성별에서 온 고려인들은 거기 좀 앉아 있었지요. 그리고 나는 다른 사람보다 한 살이라도 위였고, 타쉬켄트에서 일을 해봐서 눈치가 좀 빨랐어요. 그렇게 가고 있는데 몇 사람들에게 말했지요.

"내리라오."

그래 착 내렸지요. 내리니까 노우(러시아) 사람이 35명이나 나왔지요. 그리고 이렇게 말했지요. 하나, 둘, 서이, 너 여기 이 마시나에 앉으라고 했지요. 그러니까 우리 아(아이)들은 다른 데 가서 있었지요. 다른 데 가서 앉아야 되지요. 그래 내가 어떻게 그걸 알겠어요. 그래

서 나는 같은 마을에서 출발한 아이들이 있는 곳으로 달아났지요.

"여기 우리 아(아이)들도 마시나에 앉게 하라."

"아니 되오."

그래, 내가 올라가면서,

"앉지 말라오." 그랬지요.

어쨌든 우리는 한 콜호즈에서 왔으니까 살며시 나앉았지요. 그때는 이냥 억지로 총을 가지고 막 밀어서 억지로 앉았어요. 그때 어디를 가는가 하면, 그게 드루따오스(지명)이었다. 우리는 가서 당(?) 나르기를 하는 그곳이었어요.

"내리라오."

내리라고 하였으나 몸이 얼어가지고 꼼짝 하지 못했어요. 얼어 죽을 것만 같았어요. 타고 온 마시나가 트여서 뜯어지니까 덮어지지 않고 그대로였어요. 그리고 떼큐완(지명?) 밑에를 가니까, 그게 10여 마일이에요. 그래 척 내리니까 발이 시리고 얼어서 꼼짝 못하겠지요. 우리가 내리지 못하고 있었어도, 거기 사람들은 알아보았지요. 그들은 '귤터초낸지' 즉 죄인들이었지요. 우리는 죄인들이 모두 일하고 있는 곳으로 들어갔지요. 거기는 가솔린으로 불을 때는 곳이었지요. 집에 들어가서 불을 막 붙이고 나자 화끈화끈 했지요. 그리고 들어가니까, 그 얼었던 게 이렇게 코도 쓸지 않고, 짐들이랑 그대로 두었지요. 거기에 내려서 한 시간 동안 쬐고 있었어요.

"나가라."

그때 누가 나가라고 했지요. 우리 80명 정도를 실어 왔지요.

"나오라오."

그래서 나가니까, 거기는 이 질(길)로 걸어 왔어요. 길이 없지요.

"가라오."

그래 한 사람은 앞 골목으로 가고, 우리는 다른 쪽으로 갔지요. 그래가니까 밤 열시 넘어 거기를 들어갔지요. 우리 일하는 데로 가니까, 문패 붙이고 새집들을 모두 지어 놓았지요.

"그래 들어가라."

그래 들어가니까 거기 조총대 마을이 이렇게 있었어요. 2층 침대로 사람이 자는 곳이 있었지요. 그래 한 사람이 밑에 가서 눕고, 한 사람은 2층, 위에 눕고 그랬지요.

그 다음 날부터 질(길)을 만드는 것을 우리에게 맡겨 하는데, 욱타우(지명)까지 이 질이 없지요. 우리들이 더 나아가 다른 데를 간다면, 다른 곳으로 질을 짓(만들)지요. 도로 공사를 했지요. 질 만드는 것을 싹다 차우젠(곡괭이), 파아타(?), 강차이(삽) 그런 것을 가지고서만 도로공사를 했지요. 우리 온 거기서부터 몇㎞의 질을 만들었어요.

당시 고려인들은 꼬미야쓰쎄르(지명)에 가서 포로들이나 죄수들을 감시한 것이 아니라, 이들과 함께 일을 하였지요. 이들 고려인들은 전쟁 끝나고 1945년도 섣달에 맨 먼저 집으로 왔었어요. 그곳에 있었던 고려인 650명과 포로와 죄수들이 얼마나 죽었는지는 지금까지 알 수가 없지요.[17]

▌감자를 훔쳐 먹다

꼬미야쓰쎄르에서 있었던 사건 하나를 애기하지요. 거기서 길 하람(만들러) 나갔지요. 길을 만드는데 눈이 그렇게 많이 와요. 꼬미야쓰쎄르에 가서 몸이 조금 아팠어요. 아파서 집에 누워 있는데, 가만히 척 보니까 미숨수(?) 그것들은 배부르게 살았지요. 그런데 사람들이 두 명인지 들어와서, 저기 추우니까 불을 지피고서 불을 쬐고 다시 나가더군요. 나간 다음에 가만히 누워서 보니까, 사람들이 감자를 가져다가 저쪽 보쨍이 마른 칸에 두고 갔지요. 그 불을 때는데 들어와서 주르르르 하다가 볼일이 있어 그 감자를 두고 갔지요.

그 사람들이 나간 다음에 그 감자를 가만히 도둑질해 내왔지 뭐에요. 배가 고파서 죽겠는데, 이래 죽고 저래도 죽겠다 싶어서 감자를 도둑질했지요. 그래 있는데 그 사람들이 일을 보고 거기를 와서 말랑말랑 하면서 다시 들어왔지요. 그 사람들이 오니까 어떻게 내와서 어떻게 하였던지 그 감자를 눈이 가뜩한 속에 파묻어 숨겼지요, 그러니까 그 사람들이 몰랐지요. 그 사람들이 감자를 찾아보았으나 얻어 보지 못하지요.

"이 사람밖에 없는데, 감자는 어디 메로 갔다."

이 사람을 조사하니까,

---

17) 이에 대해 조사한 사람이 있었다. 5-6년 전 핀란드에서 한 사람이 와서 그곳에 일하였던 우리 넷을 알고 있다며, 여러 번 찾아와서 그 문제에 대해 글을 쓰겠다고 하였는데, 알마티에 있던 사람을 만나러 갔다가 차에 치어 죽었다고 한다. 그 이후에 그에 대한 것은 없었다.

"모른다."라고 하니 어떻게 할 수 없지요.

그 다음에 뭣이 재미있는가 하면, 감자를 어떻게 하든지 치워서 들키지 않고 도둑질 해 먹었어요. 재밌는 일은 끝에 있어요. 그 사람들이 감자를 얻어 보지(찾지) 못하고 모두 갔어요. 다음에 동샘(동삼: 한겨울)인데, 다른 데로 일하러 갔지요.

그 이듬해 봄에 기길 가게 되었어요. 다른 곳으로 일하러 갔다가 감자 도둑질 한 곳을 오게 되니까, 그 사람들을 만났지요. 그 사람들은 막일을 하는 사람들 아니고 좀 큰일을 하는 사람들이기 때문에, 감자도 있고 떡도 있었지요.

그 사람들을 만날 때는 어쩜 봄이 되었어요. 봄이 되니까 눈이 싹 녹았지요. 눈이 녹으니까 그 사람들이 어찌 하다가 감자 넣어 놓았던 커대(푸대)를 발견하게 되었지요. 봄이 돌아오니까 눈이 다 녹아서 감자를 담았던 푸대가 보였어요. 그래서 그 사람들이 이 사람이 감자를 도둑질했다는 걸 확실하게 알아버렸지요. 그래 거기를 가서 만나니까 그 사람들이 손을 쥐고 인사를 하면서 말했어요,

"너 잘 했다. 그 감자 아니 먹었다고 하면 너 죽을 것인데, 살아서 이렇게 왔으니까 반갑다."

그렇게 순순히 반갑게 인사를 했지요. 그래 그때는 그렇게 도둑질 하지 않으면 못 사는 때라 그런 일이 있었지요.

▌친구들

타쉬켄트에서 일 하였을 때는 러시아 말을 조금 배웠지요. 그러고 난 다른 사람들처럼 러시아 말이 하기에는 좀 어려웠지요. 우리 배왔단 말이에요. 어찌 그랬는가 하면 여기 나의 진정한 동미(친구) 서이 있었지요. 내 나이보다 4살 이상인 허태호가 있는데 맏이인 셈이지. 그 다음에 김호철이도 4살이 위이고. 나는 전쟁 때 북쪽으로 일을 하러 가고, 그들은 여기에 와서 쭉 일을 했지.

그런데 내 동미 중에 시를 사랑한 사람이 현석민, 현성진이란 사람이 있어요. 이 사람들은 시를 잘 쓰는 사람이지요. 현석민은 그전에 그 형도 시를 쓰고 있었어요. 그 집안의 사람들이 재간 있는 사람들이었는데, 글을 못 썼지요. 그리고 내 군대에서 왔지요. 전쟁이 끝나고 일하다가 45년도에 집에 떡 오니까, 현성득이는 그 콜호즈 조합에서 일하고 있었는데, 나보고 자꾸 그러더구만요.

"야, 니 가서 일해 먹고 바쁘다."

▌대학에 다니다

나는 러시아 글을 안 읽다나니까 대학에 붙을 재간이 없었지요. 내가 싹 러시아어를 해서 붙었단 말이에요. 그때 어찌 그랬느냐면 45년, 46년도에는 전쟁에 젊은이들이 가니까 학생이 없어, 붙을 사람이 없단 말이에요. 대학에 사람들이 붙으러 오기만 하며는 거의 붙었지요.

나는 사마르칸트에서 살았기 때문에 사마르칸트 대학을 다녔지요. 그때는 대학에 고려 사람들이 많이 있었지요. 그게 46년이지요. 전쟁이 끝나니까, 내 도크멘테리(문서)를 해가지고서리 가니까 대학생들의 절반이 고려 사람들이란 말이요. 어째 그랬는가는 전쟁에서 마우재(러시아 사람)들이 다 죽었지요. 고려 사람들은 전쟁에 가지 아니해서 죽지 안 해서요. 그래 절반이 넘는 고려 사람들이 만났을 때는 고려 말을 했지요.

그래 서류해 주니까 대학의 사람들이 나를 받아 주었단 말이에요. 46년에 내가 대학에 들어갔지요. 대학에서 받아 들어갔으니, 내 러시아 말을 못하는 것이 어떻게 글을 읽겠어요. 그래 열심히 노력하여 글을 읽었어요. 대학에서 글을 읽어 다 마치고 나중에 나라에 큰일도 많이 하였지요.

내가 대학에서 글을 읽고, 한 여자는 타쉬켄트의 대학에 붙더라고요. 그런데 졸업할 때가 되었을 때 모스크바에서 검률(검열)하러 왔지요. 여자는 모스크바에서 와서 가짜 검률을 했지요. 가짜 도크멘트(문서)를 받았다고, 내가 시험치려고 하니까 못 들어가게 하였지요. 그렇게 못 들어가게 하니까 어쩌겠어요. 할 수 없이 꼼짝 못 하는 일이지요.

사마르칸트 대학 서류가 가짜라고 해서 혼이 났잖아요. 근데 어떻게 서류가 받아졌어요. 사랑하는 여자가 있었지요. 그 사람들이 도장 있는데, 그 도장도 내가 싹 다 그려서 만들어 위조를 했지요. 가짜로 만들어서 '이걸 가진 자는 대학에 갈 수 있다.' 그래 내가 그들한테 줬지요. 그래, 그것은 고등학교 졸업장이 없었기 때문이지요. 옛날에는 우리가 한 나라였잖아요. 그래서 학교 입학 졸업하는 거 다 시험 보고 했잖아요. 그래 검사를 하잖아요.

대학교 졸업시험을 제대로 본 거지요. 4년 동안 글을 읽었는데 이때 책을 많이 읽었지요. 그리고 일을 잘했단 말이에요. 그리고 갑자기 생각나는 것이 있는데, 내 대학 졸업장 받을 때 이야기인가. 어떤 군인들이 만들어 달라 하면 내가 다 만들어 줬지요.

▌일상에서 유창하게 구사한 고려 말

43년에는 내가 러시아 말을 잘 못하고 고려 말만 할 그런 때였죠. 그때 타쉬켄트에 들어갔지요. 그래서 러시아 말을 조금 배웠지요. 그래 대학에서는 고려 말만 하고 그랬지요.

내 원동 있을 때, 열두 살에 여기로 들어왔거든요. 열두 살에 들어왔으니까 할일이 없어 영감들과 젊은 사람들이 모두 다 나와 들으니까, 그 얘기하는 거 이해 못 하지요. 한 명도 이해하지 못하면 다른 말 뭐라고 할 필요 없지요. 나는 그거 그냥 다 알았단 말이에요.

그래 37년도에 여길 들어왔지요. 그래 여기를 들어와서 그냥 고려 말을 했지요. 그때는 부인들 하고 함께 지심(김매기)을 매지요. 그 소리를 이해하지요. 그러니깐 들었던 이야기 중에 하지요. 책으론 못 봤지요. 그런 고려 이야기책이 없었지요.

백날 얘기를 해도 진내 다 못해요. 옛말은 내 여기 김병화 콜호즈 관리하는데 있었지요. 거기서 일을 했지요. 거기서 일하니까 대학은 배워도 일한다면 무슨 일이든 일(까닭) 없지요. 별일 없었지요. 그렇게 되면 싹 모다서는 내 옛말을 하지요. 옛말을 스스로 조사하던지 뭘 들어서 하던지, 그냥 옛말을 했지요. 조선어학교 7학년을 마치고 나니까, 그런 말을 내가 잘 했어요.

김병화 농장이 있을 때 고려 말로 이야기 하면 사람들도 알아들었지요. 지심 매면서 고려 말로 싹 하지요. 나에게 요렇게 요것만 지심 매라고, 내 요렇게 딱 서지요. 그래 내 지심 맬 때 옛말 얘기를 하지요.

그리고 내 대학에 다닐 때도 고려 옛말을 잘 하다나니까. 당일 갔을 때 내 반드시 이야기를 하지요. 이 사람들이 이렇게 목화를 뜯지요. 나는 이렇게 이야기를 하면서 다니면 처지지요. 그래 두랑둔담갠신(개인 작업량의 표)을 적는데 나는 말하다 나니까는 쪼금밖에 못하면, 이 잔재 참여한 사람들이 다섯 개를 주었지요. 나는 그런 일이 있었지요,

그냥 이야기를 고려 말로 하지요. 그러니까 고려 사람들이 대학에 절반이 됐어요. 대학에 턱 만나기만 한다면 고려 말을 하다나니깐, 내가 고려 말을 잘 하다보니깐, 다른 사람들 러시아 말을 잘 하는 사람이 대학에 오지요. 그래 내 고려 말 애기를 한다면 또 모다 들었지요. 그래 애기를 뭐 듣지요.

다음에 여기 대학에서는 그 목화를 뜯으러 가지요. 그러니까 우리

대학생들을 싹 다 모아서 목화를 뜯어야 하지요. 그래 한 곳에 가서 잘 지내니깐 자지요. 여자들은 한 짝에 있지요. 또 거기 가서 이야기를 하지요.

목화를 뜯으면서 내가 이야기를 할 것이면, 또 사람들이 와서는 나보고 또 하라고 지나간 뒤에 새끼 하나를 놓지요. 그래 나는 말을 하다보니까, 그래 나를 그냥 딱 막아준다 말이지요.

내가 이야기를 하면서 목화를 잘 못 뜯지요. 거기는 한 사람이 하는 기준이 있는데 그것을 노르마지라고 하지요. 그런데 나는 목화밭에 가서 이야기를 해주면 모자라지요. 나는 말을 하다나니까 일람키로 나지요. 그럼 목화 따는 모든 사람들이 나를 조금 도와주지요. 내가 달라고 하는 것이 아니라 그 사람들이 스스로 주지요.

▌또또시

그전에 내 조선의 글을 읽을 때가 5학년이야요. 아무래 북조선에서 보낸 고려 글로 된 책이지요. 또또시. 그런 책이 있었어요.

얘기하는 게, 지금 뉘기(누가) 쓴 것인지 그것을 내 잘 모르겠네요. 요새 사람이 그것을 번역하면, 고려 사람이 고려 말로 번역한 그것을 내 다 알았어. 또또시. 또또시란 책 이름이에요. 그 책은 북한에서 와서 여기 고려인이 러시아 말로 번역까지 했었어요. 러시아 말로 했던 것을 다 외운 거지요.

또또시란 책을 러시아 말로 본 것이 아니라 북한말로 보았지요. 고려 말로 보아야 감정이 있지요. 고려 말로 그려야지, 고려 말을 쓰여야지요.

그런 책이 있었어요. 책에 이야기가 하나로 쭉 돼 있었지요. 하내 그 얘기가 많이 이렇게 있었지요. 이야기 쭉 길게 돼 있었지요. 그걸 머리에다 다 외워, 머리에 들어 있었어요. 내가 병으로 두 번씩이나 아프고 나서 이야기를 다 잊어 버렸지요.

2. 기마 소녀 문 리사

이것은 우리와 함께 다니면서 통역해 준 김 안드레아의 이모 할머니 문 리사의 일생이다. 할머니의 말씀이 불분명할 때는 손자인 통역자가 옆에서 도와주었다.

문 리사 할머니는 3남매의 막내로 1933년에 원동의 동대산에 태어났다. 가족인 언니 문구목은 22년에 태어났고, 오빠는 28년에 태어났다. 문 리사의 어머니는 함경북도 길주에서 태어나 러시아로 건너와 살았다. 그러다가 1936년에 할아버지와 아버지, 삼촌이 한날에 총살을 당하여 돌아가시고, 4살 때인 1937년에 가족들과 함께 이곳 중앙아시아로 강제 이주 당하였다. 그때 어머니는 작은 할머니(계모) 두 분을 모시고 작은 할아버지를 따라 우즈베키스탄 부존리라는 곳으로 실

문 리사

려 왔다.

문 리사의 할아버지는 부인을 9명 얻었다고 했다. 할아버지의 큰아들(마다바이)은 길주선진에 살다가 돌아가시고, 할아버지는 한량처럼 일도 아니하고 돌아다녔다. 한량에다가부인을 9명이나 얻어서 부자로 소문이 났지만, 돈이 많았던 것은 아니었다. 아들 넷이막일이나 고기잡이를 하고 받은 돈을 어씨(아버지)에게 맡겼다. 어씨는그 돈으로 불쌍한 사람이 있으면 항상 먹을 것을 나누어 주었기 때문에 잘 산다는 소문이 났다. 문 리사의 어머니는 시아버지가 시어머니를 아홉이나 얻었기 때문에 고생도 많이 하고, 머리도 기차게 아팠다고 했다.

젊고 장골이었던 할아버지는 45살에 할머니가 먼저 돌아가시자, 새할머니를 얻었는데 하나는 한 살 살고 쫓아버리고, 두 번째 것 제외하고 아홉이나 서방(장가)을 갔다. 그런데 셋째 아들의 부인인 문 리사어머니가 같이 있었으니 그 수발을 다 들어야 하였다. 그러니 문 리사의 어머니는 머리가 아팠다고 했다. 문 할머니가 들려준 그분의 삶의이야기를 들어보자.

▌ 원동에서 중앙아시아로

어머니는 원동에서 이쪽으로 이주하기 전인 1936년에 부자로 오인을 받아 남편과 시아버지, 삼촌이 한꺼번에 총살을 당하였지요. 어머니는 4살 먹은 어린 딸을 등에 업고 오면서 먹을 것이 없어 고생을 많이 하였지요. 어머니는 작은 할아버지와 작은집과 큰집의 사촌들과 친족들이 함께 왔는데, 이때 우리 가족은 어머니가 시어머니 두 분을 모시고, 작은 삼촌과 오빠와 언니와 함께 들어왔지요.

원동에서 출발한 우리 가족들은 1937년에 우즈베키스탄 또세이이리 라이엔스인 부존리라는 데로 왔어요. 부존리는 현재 사는 구이 치르치크에서 상류 쪽으로 좀 올라가면 있는 마을로, 문 씨들 중심으로 구성된 조합이요.

내가 어렸을 때는 고생을 많이 했어요. 여덟 살짜리 아이가 밭에 나가 지슴(김매기)을 매고 400g 밥을 그릇에다가 받아갔고 들어와서 먹었어요. 쌀이 아니라 밥을 해서 지어놓은 것, 오빠와 둘이 800g 밥을 갖고 오면, 우리 엄마가 서이 논가 이틀을 먹지요. 중앙아시아로 이주한 이후에 그렇게 고생을 했어요.

우리 형제는 조금 커서는 어머니에게 일을 안 시켰어요. 그런데도 홀로 이주한 어머니는 45살까지 스무 해 동안을 유치원에서 아이들을 돌보았어요. 언니는 시집가고, 오빠와 둘이 벌어서 서이 살면서리, 어머니를 도왔어요.

나는 오빠를 위하여 계속 막일을 많이 하였는데, 오빠의 학비를 벌어서 대학을 마쳐 놓았지요. 이렇게 살아오다가 보니 요즘도 호미질을 하면서 아들과 마마들이 걱정하고 있지요. 오빠가 나중에 서방(장가)가게 되니 어머니가 그 아이들을 돌보았지요. 왜냐하면 오빠와 새언니가 함께 자도록 만들어 자식을 많이 낳게 하기 위해서였지요. 그리하여 어머니가 아이들을 돌보아 주어 오빠는 여덟 명을 낳았고, 언니도 자식을 낳아 조카가 열 명이나 되요. 이 열 명의 조카들 역시 모두 대학에 다녔어요.

▌어린 시절

내가 세 살 때 아버지 돌아가시고, 서른 몇 살에 어머니 돌아가셨어요. 부존리에서 한참 살다가 1955년 어머니가 서른일곱 살인가 이곳으로 들어와 살게 되었지요. 어머니를 모시고 저쪽 길옆에 큰집을 지어놓고 사셨어요.

어머니가 나를 낳았을 때 마우재(러시아 사람) 음식을 하는 사람이 자꾸 나를 수양딸로 달라고 했지요. 군대 버꾹이질(장교질) 하는 마우재가 제일 조그만 것 나를 자꾸 달라고 하지요. 나를 데려다가 나중에 마우재에게 시집보내겠다고 하더래요. 그래 엄마가 다섯을 낳았는데, 우리 아버지가 허락 안 해 줬다고 해요.

"어찌 자기 새끼들 다섯 명이 많지 않은데, 어찌 남 주겠는가?"

아니 줬다고 하잖아요. 그 마우재가 이스라엘 가서도 나 달라고 또 왔더래요. 우리 아버지 그래도 아니 주고 나 세 살에 돌아가셨어요. 나를 아버지 없이 어머니가 혼자 데리고 들어와서, 내가 버릇이 없다

하지요. 난 그저 떼쓰기를 좋아했어요.

▌문 리사의 재주

오빠 글 읽히고 챙겨 주려고 일만 자꾸 하니까 글을 못 읽었어요. 오빠 내세우자고 막일을 그냥 했어요. 그래서 한 일로는 삼도 벗기고, 남자들 같이 힘쓰는 일은 다 했어요. 그래서 무슨 일이든지 겁이 나는 게 없어요. 요즘은 맥이 좀 없어서 그렇지, 남자들이 하는 무슨 일을 뭐든지 다 할 수 있어요. 못도 박으면 박고, 도끼로 나무패면 패고, 새끼를 꼬면 새끼도 꼬았고요.

내가 일은 잘 몰라도 여기 가서도, 저기 가서도 일을 했어요. 내가 본 일은 남자 일이든 여자 일이든 다 했지요. 이영 볏짚 있잖아요? 볏짚을 할아버지와 같이 꼭대기 올라앉아서 '이영엮기' 일을 했지요. 이렇게 묶어 가지고 나란히 펴놓고, 위에 갓을 씌우고 짚을 이쪽으로 놓고 저쪽으로 놓고 하잖아요. 아바이(어른)네와 같이 일하면서 싹 배어 왔지요. 용마루 같은 거 올리는 걸 다 했단 말이에요. 나는 남자 일이든 여자 일이든 힘 모자랄 뿐이지 다 했어요. 그래 내 몸이 이렇지요. 그래서 아들한테도,

"캘 때는 이렇게 캐라. 박을 때는 이렇게 못을 박아라."

내가 이렇게 시키지요. 우리 영감은 그런 일을 하면 내보다 못해요.

▌글쓰기 공부

공부할 때는 한 시간에 한 과정씩 넣어서 공부했지요. 한 해를 공부하다가 글을 안 치워버리니까 공부를 못하였지요. 넙적글(한자)을 배우려고 했는데 못 배웠죠. 8학년 올라가 글을 읽었더라면 한자까지 배울 수 있었을 거예요.

고려 글을 읽었지요. 중국 글 같은 넙적글을 배우다가 못 배우고, 한글은 제법 쓸 줄 알지요. 누구 이름이나 편지나 쓰면 쓸 수 있지요. 어중간한 글은 잘 써져요. 그런데 한국에서 내한테로 편지가 오면 말이 바뀌어서 해석하기 좀 바빠요. 여기서 보통 하는 말은 한국말과 좀 다르고, 북조선 말과 같아요. 그런게 한국말이 좀 까다로워요.

▌유랑극장에서 연극 감상

처녀 때 유랑극장이 마을에 와서 연극을 했어요. 이때 하였던 연극으로는 <춘향전>, <심청전>, <전우치>, <흥부놀부>, <홍길동> 등을 공연하였지요.

그런데 극장에서 춘향이의 연극 보면, 마음속은 나무 몽둥이가 다 끊어지도록 맞으니까 아깝고 가슴이 아팠어요. 마지막에 가서 도련님이 벼슬하고 오니까 반가운 일이었어요. 그때 그 사람이 높은데 앉아서 여자는 맨 낮게 하고서 만난 게 반가운 거지요. 그때는 고생 다했다고 박수치고 그랬지요.

감옥이 갇혀서 남편을 생각하고, 자꾸 울면서 말해 주던 그런 일이 너무 기가 찼지요. 칼을 목에다 메고 그것을 들지 못해서 머리를 겨우 드는 그런 연극을 보면 우리 다 울었지요. 춘향이 아깝다고 극장 안에서 싹 '히히히, 히히히' 다 우는 소리밖에 안 났어요. '크럭크럭' 더듬내고 그저 돌아앉으며 싹 '히히히, 히히히' 이런 소리만 나요.

▌어머니가 주신 교훈

어머니는 항상 아이들을 가르칠 때 어떤 얘기 들어도 나쁜 일이랑 외우지도 말라고 하였지요. 그리고 남의 것은 항상 그 자리에 놓고 그것에 눈독을 들이지 말라고도 했어요. 또 남의 것은 떨어진 나뭇가지 하나라도 주워가지고 집으로 들어오면 안 된다며 남의 것을 다투지 말라고 했어요. 예로 길에 가다 떨어진 돈이 있으면, 아래 위를 올려다보고 뉘기 떨궜는가 살펴보고 명심하라고 했지요.

그리고 '어디 가서 불 때면서 밥할 때 빗자루를 깔고 앉으면 안 된다.' '구들 옆에도 앉지 말라.' '앉아서 먹다가 바로 옆 자리에 누우면 사돈의 새(소)가 된다.' 그리고 '사둔과 변소는 멀어야 좋다.' 가까이 있으면, 내 딸에게 몹시 구는가 아들에게 몹시 구는가하고 이렇게 서로 살피면 이마를 깨지지요. 그런게 딸을 시집보내면 가까이 말아야 되지요. 아무리 내 딸이라도 시집가면 '시집 넋을 해라.' '시집에서 어찌 하느냐면 그것 본을 받아라.' 이러 해야지요.

내 집에 들어온 며느리는 내가 사랑해 주지 않음은 누기 사랑해 주겠어요. 그리 생각하고 내 며느리를 고바워(고마워) 해야 되지요. 앞으로 죽을 때 그 며느리 손녀 손자를 예상해야 되지요. 예상을 못하고 며느리 무슨 어떻다 문밖에 말이 나가면 재미없지요. 며느리는 남들에게 남이기 때문에 서로 사랑해 주어야지요.

▌ 언니 문구목

언니의 이름은 문구목으로, 안드레이(통역자) 할머니지요. 언니는 어렸을 때 홍진(홍역)을 하였을 때 눈이 잘못 되어서 흐릿하게 봤어요. 한 집에서 홍진을 셋이 하였는데, 아들을 살리겠다고 딸을 밀어놓았지요. 그래서 언니 눈이 잘못 되었지요. 언니는 45년도에 안드레이 할아버지에게 시집을 가서 자식 둘을 낳고 5년 동안 살다가 갈라졌지요. 그래 혼자된 언니는 눈을 그렇게 해가지고서도 돈을 벌어서 아들을 대학 마치고, 딸도 대학을 마치게 하였지요. 자식을 내세우자는 마음을 먹고 몸을 아끼지 않고 그렇게 하였지요. 그래서 자식들을 글 읽혀서 인물 세우고, 고모를 의사로 만들었지요. 언니의 남편은 가까이 살다가 검정 병에 걸려 죽었지요.

▌ 언니의 기억 능력

이런 이야기를 내가 무슨 지식이 있다고 누구한테 말하겠어요. 이렇게 누구 말이라 부대지(말하지) 않으면 모르겠지요. 나보다 더 잘 아는 사람들도 있겠지 하고서 입을 닫아요. 이 이야기는 동무들한테도 안 하고 처음 하는 것이에요. 우리 형제들은 나보다 더 잘 알아요.

언니는 무식해도, 눈이 좀 안 보여도 머리는 더없이 좋아요. 일흔네 살 먹어 죽어도, 우리 언니는 밭에 나가서 일하고 한 곳에 몇을 했다는 것 다 알아요. 콘트라는 콜호즈에서 돈 타 먹는 것인데, '어느 날에 내 몇 냥 탔다. 곡식은 내 어느 날에 얼마 탔다' 언니의 머릿속에 다 있었어요. 나는 이것저것 뭐 했는지를 잘 몰라요. 우리 언니는 이것들 모두가 머릿속에 다 있다니까요. 그래 콘트라에서 이것 문서를 다 들쳐 보면서나, 어디서 어느 사람이 얼마 얼마다, 그 다음에 빠진 게 우리 언니가,

"아무 게 어느 날에 가서, 그게 어찌 없는가."

그래 찾아냈지, '그건 어찌 없는가, 그건 어찌 없는가?' 머릿속에 다 있어요. 속이지 못하는 거지요.

▌ 의붓어미 때문에 책을 못 읽는 조카

언니는 시집을 갔지만, 약간 어슴그리스로(흐릿하게) 보이기 때문에 음식은 다 끓이고 하였지요. 그런데 언니가 이혼을 하고 아들을 그 집에 놓고 왔는데, 4년 만에 아들을 되비(다시) 데려왔지요. 아들이 열 살에 되었는데 학교에 다니지 못하였기 때문이지요.

보통 열 살에 학교를 보내는데, 조카는 이웃(의붓)어미 밑에서 자라서 책을 읽지 못하였어요. 밧줄을 만드는 게나브로 까스(삼)라는 것 있는데, 언니의 아들은 열 살 먹었을 때 이웃어미가 여자들을 따라 밭으로 다니며 이 게나브로의 속을 빼내는 일을 시켜 낯(얼굴)이 어려워 보여 데려오게 되었지요.

언니 아들을 열 살 먹었을 적에 데려다가 학교에 붙여 공부시켰지요. 그 후에 학교에 다니다가, 나중에 군대에서 3년 동안 생활을 하고 나와서 대학에 다시 들어가 이루고(마치고) 어떤 것을 검사하는 일을 하게 되었지요. 그리고 언니는 95년도에 돌아가셨지요.

▌오빠

우리 오빠는 대학을 마치고 결혼하여 아들 둘을 낳고서 다시 두 개의 대학을 마쳤지요. 오빠는 딸이 세 명이고 아들이 다섯 명이에요. 그래 아들과 딸을 모두 공부시켜 대학을 마쳤지요. 큰딸은 타쉬켄트에 있는 대학교에서 학생들을 가르치고 있지요.

여자 조카는 오빠가 예순 살 때 회갑잔치를 다 했지요. 오빠는 일흔 여섯 살에 세상에서 돌아가고, 오빠 부인네가 병이 나서 두 달 만에 먼저 상세(사망) 하였지요.

한편 올케 아들은 레닌그라드(현 상트페테르부르크)에 가서 대학 공부를 하다가 이렇게 돼서 그런 내색을 안 했었어요. 저녁에 들어와서 피가 줄줄 흐르더랴. 자꾸 무슨 좀 나가서 일해 먹는 머리가 돌아가서, 자꾸 피가 흘러서 일을 못 시켰어요. 무거운 거는 못 들고 그냥 놀며 살아가지요. 군대사리를 하다가 방탄(폭탄) 맞는 바람에, 모두 병원에 가서 누워 있다가 집에 왔지요. 그런 무슨 게 터졌는데, 군대살이 일이니까 비밀을 지켜야 한다며 말을 못해요.

▌죽은 오빠

내 어머니는 원동에서 이주할 때 삼남매만 데리고 왔지요. 이주하기 전에 일곱 살이던 맏이 아들(맏아들)이 세상을 떠났지요. 제 큰 오빠는 일곱 살에 대학의 꿈을 이루고 혼진(홍역)을 앓다가 세상을 떠났지요. 죽기 전인 일곱 살 때, 오빠는 노인들이 나와 심바람(심부름) 시켰지요, 그러자 어린 오빠는 어머니에게 말했지요.

"어머니, 나에게 주머니를 하나 집어주시오."

우리 어머니가 주머니를 집어 줬지요. 그래 집어준 주머니를 차고 있으면, 노인들이 담배 심바람도 시키고 다른 심바람을 시키지요.

"야, 앙(아무)게야. 니 이것 가까이 오너라. 저거 캐 온나."

그래 돈을 이래 주지요. 주머니 집어준 거에다 옇었(넣어)어요. 우리 오빠 세상 떠난 연후에 일 떨어졌지요 우리 엄마에게 일이 떨어졌지요

"어머니, 저게 동극제에 모두 암만(얼마) 되는데, 거기다 아버지 보험금 보태고 조금만 보태면 집 하나를 산다. 아무나 조금 보태서 집을

사라."

큰 지붕으로 된 그런 집을 사게 된다고 말했어요. 그래 우리 어머니 그 돈에다가 보태고자 설음 썼지요. 노인들의 심바람을 하여 어렵게 벌었던 그 돈을 그저 없앴지요.

큰 오빠는 너무도 똑똑하였는데, 일곱 살 때에 대학이란 글을 다 읽었어요. 노인들은 오빠가 너무도 똑똑하니까, 심바람을 다른 아이들이 근처 있어도 안 시키고 우리 오빠한테 시켰데요.

▌ 시집가기 전의 바느질 연습

나는 55년도에 스물네 살이란 늦은 나이로 시집을 가게 되었어요. 어머니는 딸이 시집을 가게 되자 '처녀는 준비를 해야 된다.'며, 등잔 불까지 켜놓고 밤낮으로 준비를 시켰지요. 어머니는 시집가면,

"새애기 솜씨를 봐야 한다며 이것저것을 버젓이 하라."

하며, 밤이 깊도록 앉아서 바느질을 하게 했어요. 어머니는 손주들을 등짝에 받치고 잠을 잤어요. 그때 오빠 부인네가 도와주려고 하면,

"아, 젖 먹이는데 들어가 자라고. 새애기가 시집오면 며느리 솜씨를 보지, 곁에 사람 솜씨를 보겠는가?"

시집가는 사람이 스스로 만든 솜씨를 본다며 도와주지 못하게 하였지요, 그저 밤낮 없이 바느질을 하도록 시키셨어요.

"옛날에 며느리들이 많이 준비하고 시집가야 시어머니에게 칭찬을

받는다. 그런데 집안 살림도 준비하지 않고 시집을 가면 당장 사람 죽고, 며느리가 좋지 못하다는 소리를 듣고, 한 달 사이에 물러서라며 쫓겨난다."

말하였지요. 며느리가 세간살이 못하고, 감면목(살펴볼 수 있는 능력?)도 알뜰하지 못하면 물러서라고 한다며, 어머니는 딸이 퇴짜 맞을까봐 나 걱정해요. 그래서 아무래도 집안일을 여자들이 다 하도록 시켜요. 그래야 걱정이 덜 되었어요.

어머니는 솜씨를 만들어야 한다고 새벽 두 시까지 배우면서 못 자게 하였지요. 시집을 가서도 그랬어요. 시집가서도 낮에는 일하랴 밥하랴 고생 많았어요. 엄마가 제일 부담을 느꼈을 거예요.

시집가서 살면서 마음 고생이 많았어요. 남편이 떨어져 있어 하자는 대로 해야 하고, 집에는 시어머니, 시아버지가 있었지요. 일을 하다가 집에 와서 음식도 만들어 놓아야 했어요. 음식을 만들어 놓으면 조금도 쉬지 못하고 일하러 가야 했어요. 그래 일이나 솜씨가 서툴고 숙달되지 않으면 조금도 쉬지 못하였어요.

시어머니는 버릇을 고치지 못하냐며 대우를 해 주지 않았어요. 갓 시집온 며느리를 도와주지 않았어요. 그래서 스스로 깔 나무를 때면서 음식을 하고 밥을 지었어요. 그때는 가스도 없고 오직 깔 낭구(나무)를 때면서 가매(솥)에다 밥을 지어야 돼요. 그래 조그만 가매에다 앉혀 밥을 짓는데, 밥을 태우면 큰일이 나지요. 시아버지와 시어머니가 밥을 태우지 말라고 했고, 벌이 엄해서 밥이 탈까 봐 자꾸 가마를 열어 보지요. 그런데도 밥이 타면, 탄 밥을 어찌 시아버지 앞에다 놓겠어요. 그래 탄 밥은 돼지 입으로 들어가고, 밥을 새로 지어야 되지요. 시장(지금) 이 가슴 노릇하니 타는 밥도 먹고, 아무 밥이나 먹었지요.

나는 새벽 네 시에 일어나기 때문에 두 시간만 잤어요. 가을이면 특히 더 일찍 나갔어요. 네 시에 벌써 조반을 끓여서 시어머니 시아버지에게 드리고 일하러 나갔어요. 이렇게 일찍 나가기 때문에 점심 때 와서 낮잠을 조금 누워 자야 했어요. 저녁에는 세 시에 나가고 여덟 시까지 일해요. 그러니까 시아버지 저녁밥을 세 시에 벌써 끓여놓고 나가서 여덟 시까지 일하고 들어와서 차려드렸어요.

시집을 갈 때 바느질을 조금 하다가나니 달마술(재봉틀)을 혼수품으로 가져갔어요. 56년에 여기 땅이 진타이(황무지)라, 그 혼수품을 말술게(수레) 하나에 실어서 보냈지요. 그때 새애기와 서방은 술게 앞쪽에 앉아서 가고, 나머지 식구들은 걸어갔어요.

시집을 가서 시어머니와 같이 살았어요. 시댁에는 동생 있었는데 아파서 돌아갔고, 시아버지, 시어마이, 우리 남편과 나 이렇게 넷이 살았어요. 그래서 시집간 뒤 이튿날부터 노력(노동일) 가서 일 했어요. 일 하고 들어와서 시어머니가 밥을 주면 먹고 또 일을 했어요.

▌어머니의 시부모들

내 어머니는 두 분의 시어머니를 모시고 중앙아시아 부존리로 들어왔어요. 시아버지가 돌아가셨기 때문에 작은 시어머니(계모)를 모시게 되었는데, 그 시어머니는 자기가 낳은 아들을 만나서 살다가 상세 날 (돌아가실) 때 가 보았어요.

당시 시어머니와 며느리는 구박하기보다 제 어머니가 잘 하니까 고 마워하고 서로 사랑해 주지요. 큰말을 할 것이 없었어요. 이렇게 고생 하시던 어머니는 아이들을 돌보아 주면서 언니와 함께 살다가 85년도 90살 내에 한두 달 누워 있다가 돌아가셨어요.

▎어머니와 며느리

오빠 부인네는 우리 집에 들어와서 새끼(자식)를 여덟 명이나 낳았 어요. 우리네는 형님을 세상에 없는 것처럼 받들었지요. 우리 어머니 가 며느리 크다 하니까 우리 시누이들도 기차게 받들었지요. 오래비 하나에서 조카 다섯, 딸이 서이를 얻어 봤지요. 며느리는 시어머니가 아이들을 데리고 자니, 아들이 생기면 지우지도 못하고 다 났어요. 우 리 엄마는 며느리를 잃을까 젖을 얻어 먹이고, 여덟 명을 끌어안고 댕 겼지요. 그리하여 며느리와 아들이 새서방 새애기처럼 방에 들어가 부 부 같이 손목도 내끌어 안고 자게 하려고, 손주들을 다 데리고 주무셨 어요.

▎남편과의 만남

내가 영감을 55, 56년도에 만나서 아들 하나 딸 둘을 낳았어요. 영감은 56년도 만나서 이날 이때까지 살다가 재작년에 일흔아홉 살 먹어 세상을 떠났지요. 그리고 자부는 모스크바에서 딸과 함께 가서 돈을 벌고 있으나 경제 사정이 안 좋아요.

시집 장가간 이야기를 묻자 할머니는 얼굴을 붉히며, '무식한 게 어찌 가겠어요.' 혼삿말은 한 달 동안 말이 왔어요. 우리 오빠가 대학 공부를 마치자, 나를 공부시키려고 하여 애쓰지 말라고 내가 시집을 갔어요. 그러니 스물네 살쯤 되더군요,

"오빠, 대학 마치고 나와서 자기 식구들이나 돌보세요."

그리고 나는 시집갔지요. 우리 영감이 나보다 네 살 위였어요. 남편을 만난 것은 한 사업에서 일 하면서 만났어요.

"내가 말을 타고 다녔어요. 세상 처녀가 말을 타고 댕기니 여럿이 욕심내면서도 나서지를 못 해요."

그때 시절 바지에 적삼 입고 일하러 댕기는 건 나 하나밖에는 없었어요. 그래서 모두, '아하, 저런 각시는 말을 타고 당기는 게. 아무래도 혼사 말하기 힘들겠어.' 말하지요. 그래 허락 때가 오면 내 어머니가 살펴보았지요.

"엄마, 저 사람이 나한테 결혼하려고 애 쓴다."

"그것 참 재미없다."

어머니가 '재미없다' 하면 내가 물러서지요. 그 다음에 내 영감이 나서서 말하자 어머니가 말하였지요.

"그건 좀 일없다."

그리고 우리 영감은 술을 참 잘 마셔요. 그저 술을 잘 마신다고 아무나 잡고 술을 마셔요. 아이들이 무엇이라고 하면,

"엄마, 아버지 술을 매일 마시니까 말리지 마."

이렇게 이야기를 했어요. 그래서 아이들이 잔치까지 해줬지요.

"감사한데, 내가 어찌 말리겠니."

하고 말하지요.

▌혼인식

혼인하는 잔채 날에 흰옷을 못 입고서 시집가요. 보통 옷 입고서 상을 받고서 이렇게 갔어요. 결혼 때는 이런 블라우스 같은 흰옷을 입었어야 하는데, 그때 나는 가난해서 입지 못했어요. 원래 우리 고려 법은 흰옷을 입게 되어 있어요. 지금은 흰 블라우스 입어요.

나는 그런 형편이 안 되잖아요. 내 스스로 벌어서 살아가고 그렇다니까, 내 언니도 시집갔다가 아들 데려왔어요. 형편이 어렵지요. 그러니까 그저 닥치는 대로 입고서 시집을 갔지. 그래서 56년도에 우리 시댁을 갔는데, 우리 시어머니가 이랬지요.

"어찌 우리 아들네는 애기도 없는가?"

재촉하셨지요. 당시는 몸짓 깨고(아기를 배고) 가는 세월인데, 나는 홀쭉해 보이니까, 몸 된 질이 빌(빈)하다 간 게, 그저 나가서 일하다 보니, '어찌 우리 며느리는 몸도 아니 그런가' 이러지요. 그때는 배가

불러서 시집을 가도 흉이 아니었어요.

그런데 우리 문가네는 그것을 흉으로 보고서 큰일이 났지요. 우리 작은집 할아버지는 우리가 배불러 어디 나가면 큰일 났지요. 그래서 우리는 배불러서 그런 짓을 못했어요. 우리 할아버지 그렇게 엄했어요. 배불러서 다니면 남이 웃는다고 못 다녔어요. 우리 집안에 시진애라고 쫓아 내버리는 법이었어요. 그래서 우리 문씨들이 새아가들 데려오는데 바쁘게(어렵게) 데려오지요, 내가 가서 그저 잔칫날까지 몸에 맞게 자기 옷을 입어야 된다고요.

혼인잔치는 새애기 집에서 먼저 하고, 그 다음에 신랑이 집에 가서 하였지요. 새애기는 아침에 가서 밥 끓여 차려야 되지요. 아침에 신랑 집에서 예단 오는 법이 있었어요. 예단 법이 있으니까 새애기 조반 끓여서 친척들 다 먹이지요. 이는 새애기 손맛이 어떠한가, 어떻게 음식을 쓰게 했는가 하고요. 그게 별게 하느라고 모다 앉아서 먹고서 고 다음에 예단 놓지요.

예단이란 게 무엇이냐면, 남자들게는 적삼 놓고 새 수건 놓고 손수건 놓고 그러고 절을 해요. 그리고 여자들에게는 옷감, 비단이나 그런 좋은 옷감을 이렇게 놓고 손수건 놓고 머리 수건 놓고서 절을 했어요.

그러면 사람들이 절값으로 돈을 주지요. 돈을 주면 그것을 받아서 그것으로 나중에 동네잔치를 했어요. 절값으로 받은 돈을 시어머니에게 다 내놓지요. 그럼 시어머니는 그 돈을 주면서,

"요긴한 데 쓰거라."

했어요. 그 돈에다 보태서 집안을 모아서 잔칫상을 내지요.

결혼식 날에는 신랑이 아침에 오는데 삼촌이나 작은 아버지가 함께 왔어요. 신랑과 가까운 친척인 아주버니나 위에 사람이 와서 말을 조심하게 해서, 싹이 어떻다는 것을 말하고서 새애기를 데리러 오지요. 잔칫상에 앉는 것처럼 신랑이랑 같이 온 사람들 싹 그렇게 갖추어 놓아요. 그래서 잔치는 혼지게(푸짐하게) 해요. 춤도 추고 창가(노래)도 하고 자리가 많았어요. 잔치는 새애기 집도 그렇고, 신랑 집도 그렇고. 동네 사람들 많이 모아서 하였지요. 지금은 이 카페나 식장에 가서 싹 하지요.

그래서 신랑 집에서 세 명이 오지 않겠어요. 그럼 신부 집에서 다섯 명이 가야 하지요. 여자 쪽에서 2명이 더 가야 해요.

그리고 신랑이 신부 집에 올 때, 쑥 들어오지 못하게 길을 막고서 들여 아니 보내고, 시간 되서 딱 들여보냈지요.

"신랑, 새애기를 데려 못 들어간다."

하면서 길을 막고 있으면 문을 지키는 사람에게 신랑이 돈이라도 한 궤짝을 건너 줘야 되지요. 돈을 받고 그 사람들이 조금 피하면 그 사이에 새애기한테 들어가 손목을 잡고 나가야 되요. 잔칫상을 받으러 나가야 되지요.

이곳 중앙아시아 고려인의 결혼식에는 신랑신부가 맞절을 하지 않아요. 다만 혼인하는 날에 신랑 새애기가 시집으로 떠나갈 때, 부모나 삼촌들이나 이런 사람들 앉혀 놓고서 싹 절을 하였지요. 절을 한 사람에게 한 번씩 해드리고 떠나지요.

신랑 집에 가서 이튿날에 예단 내놓을 때. 우리 고려식으로 예단이 꼭 있어야 되지요. 여기서 가만히 보면 그 법이 없어요. 이제 우리 고려식 결혼예법이 없어졌어요. 우리는 안드레이까지 있었는데, 우리 집안 안에는 있었어요. 안드레이 부인네도 와서 예단 곱게 들여놓고 절해 드리지요. 그런데 가만히 다른 사람들을 들여다보면 없어요. 이런 예단은 여자만 시집에 받치고, 남자는 여자 집의 어른들에게 예단을 아니 했어요. 다만 여자에게 옷을 만들 만큼 천을 갖추어 주었지요. 그러면 내 시집갈 때 만들어 가져와야 했어요.

▌시집생활

내가 55년도에 왔는데, 밭에 나가 일을 하는데 잘 하니까, 우리 회장이 모스크바로 보내주었어요. 그 다음에는 알마티 박지니 스꼴라에 보내겠다고 하는 걸, 나 혼자 지내려고 하니까 시집식구들이 반대를 해서 당원 학교에 못 나갔어요. 그래 시집에서 반대를 해서 공부를 더 못했어요.

"시집가면 며느리는 시집살이 잘 하라며, 공부해서 어찌 하겠느냐?"

그래서 공부를 더 못했어요. 시아버지와 시어머니 같이 있으니까, 밖에 나가 일을 하였어요.

56년도 남편이 돈을 벌려고 떠났어요. 그러니까 시어머니 시아버지가 아들과 같이 벌려고 떠나가게 되었어요. 57년도에 몸이 그렇게 되었고, 이곳에 언니도 있으니까 내가 까갑소(지명)에 가보니 구차하기 짝이 없이 살았어요. 그래서 내 마음이 드세니까 비장에게 떨어져 있어야 내 맘대로 할 수가 있다고 했어요. 우리 남편이 돌아와서,

"어머니! 내가 가서 벌어 오겠습니다."

라고 밀했어요. 그래 어머니가,

"니가 올 때까지 두라."

라고 말했어요. 그렇게 시어머니가 허락해서 나를 두고 갔어요. 그렇게 가서 벌어 놓으면, 형들 식솔만 있고 없이 사니까 먹여 살렸어요. 돈을 스스로 벌어도 묵은(남은) 것 없이 떠났어요. 계속 돈을 벌어야 했어요. 자기 혼인해서 재기 식구, 조카들 장가 가다나니까 영감은 거기 가서 일했어요. 거기 사람들 먹여 살리느냐고 아들 낳은 것도 못 봤어요. 남편이 일하였던 까갑소는 모스크바보다 더 멀어요. 그곳은 검정 민족들 사는 곳이에요.

남편은 큰형님 있는 그곳에 가서 10년을 살았지만 형제간에 못 만나 봤지요. 그러니까 내 잔치를 하고 시집간 해 시아버지 환갑잔치를 내가 다 준비를 해 놓고 있는데, 우리 시어머니가 이렇게 말 했어요.

"맏아들이 오지 않으면 환갑상을 받지 않겠다."

뒤에 들어갔다 와서 형편이 없으니까 못 나오고, 동상만 오니까 시아버지가 환갑을 못 받게 되었어요. 환갑 못 지내고 돌아가셨어요. 환갑 때는 '맏아들이 오지 않으면 받지 않겠다.' 하여 돌아가셨어요. 우

리 시아버지 돌아가신 다음에 시어머니마저도 돌아가셨어요.

그런데 맏이 형이 마흔네 살에 돌아가셨어요. 스스로 물에 빠져 죽었어요. 술 마시고 강물로 들어갔다 나오질 못했어요. 그리고 영감은 해제하고 파묻으러 갔다 왔었어요. 영감은 오히려 오래 앉아 있었어요.

▮ 고부 사이

지금 시어머니와 며느리는 같은 시대에 살고 있지요. 며느리가 고생하는 것이 안타까워 안 시켜요. 그저 니 마음대로 잠을 자거라. 니 마음대로 해라 이러지요. 우리 자랄 때처럼 고생을 하면 지금 여자들 바빠(어려워)요. 여자들은 그런 노력도 하지 않고, 매일 이런 일만 해도 힘들어요. 며느리는 남편이 변변찮아서 현재 모스크바에 가서 시장(지금) 벌이를 해요. 그래 며느리가 벌어서 이러고 뒤저트(도와줘) 하지요.

귀여움 받고 자라는 며느리들은 버릇이 있는지 없는지 몰라요. 며느리라고 들어온 사람이 하나 최고 데려왔어요. 며느리는 오빠가 여섯이고, 우리는 며느리가 하나이고, 그 집에선 딸이 못 데려오는 집이잖아요. 며느리는 일찍 시집가라 해서 열여덟 살에 시집을 왔어요. 열여덟 살에 들어온 것 미운 줄 모르고 한 집에서 세월을 지내는데, 우리 며느리도 예뻐요.

▌시어머니의 상세(초상)

시어머니는 우리 위에도 큰아들이 있으니까 거기 가서 돌아가셨어요. 집에 3년 있다가 거기 가서 우리 시어머니 손 붙잡고 죽었는데, 올리그란(?) 병으로 해서 발 한 짝을 쓰지 못했어요. 그때 3년 동안 내가 집에서 모시다가 돌아가시기 전에,

"저 큰아들 집에 가겠다."

하셔서 모셔 갔어요. 거기에서 열 달 만에 돌아가셨어요.

돌아가시는 날에 모두 이렇게 모셨어요. 돌아가시면 저승 잘 가라고 혼을 불러요. 우리 고려 땅에서도 혼을 부르나요? [조사자: 네. 불러요.] 그렇게 혼을 불러요.

그저 관 앞이다 제상을 차리고 초롱불 써 놓고서, 세 번 절하고 이러고 모시지요. 그래 관을 이렇게 해서 안에다 모시고 그 위에다 창자를 누르고서, 위에다 물을 한 번 더위로 비석을 이래 세워요. 그렇게 비석을 세우고 3년을 다니는데 묘에 가서 절 사(상) 드리며 세 번 절하고 이러고 그냥 돌아오지요.

술잔 세 번 드리고 절을 세 번 해요. 한국에서는 절을 두 번 한다지요? 우리는 절을 세 번 해요. 그 다음 마감에 절을 한 번 해요. 그러고 집으로 와요.

집으로 오기 전에 가지고 갔던 음식 묘소에 조금씩 남겨 놓고 오지요. 그런게 싹 이런 보에다 싸서 머리맡에다 담아 놓고서 오지요. 묘지에 음식을 남겨놓고 오면, 뒤에 주서 가는 민족들이 있어요. 옛날부

터 그런 식이라 하여, 우리는 내려오면서 받아 그냥 그런 법이지요.

혼을 부른다고 하였는데, 혼을 어떻게 불렀느냐면 여기서는 여러 가지로 불러요. 어떤 사람은 동쪽에 나가서 아무 옷으로,

"옷을 찾아가라."

세 번 불러 놓고, 그리고 마감에 가서 '복 복 복' 세 번 부르고 들어와요. 또 어떤 사람은 동쪽을 무시하고 대문을 열고 나가서 혼 부르는데, 어찌 말하는 지는 나도 모르지요. 그리고 우리 집안에서는 '아무게 옷을 찾아가시오.' 하며 하늘에 대고 세 번 '복 복 복' 불러요.

시신을 운송하는 방법은 관을 마시나(자동차)에다 올려놓고 운반을 하였어요. 옛날 마시나가 없을 때는 수레에 얹어서 옮기도 하였다고 해요.

그리고 사람이 죽으면 칠성판에 올려놓아요. 나중에 칠성판에서 내려 관에다 모시지요. 반듯하게 눕혀 놓고서 그 시신의 머리맡에 사잣밥이라고 밥 세 그릇을 놓지요. 그런데 혼 부르는 옷으로 해서 꼭 쌓아 놓았다가, 관을 모시고 나갈 때 갖고 나가서 사잣밥은 흐르는 물에 띄어버리고 옷은 불에다 태워요. 옷을 불태울 때도 세 번 절을 해요.

사잣밥 세 그릇은 큰물 내려가는 물에다 쏟았어요. 사람들이 먹지 않는 강물에 쏟아요. 밥 말고 다른 것은 안 올려놓아요. 사잣밥으로 세 그릇을 내 놓는데, 왜 세 그릇인지는 몰라요. 그저 머리맡에다 삼재 밥이라고 세 그릇을 놔요. 사람 죽고 나서 저승사자 밥이라고 먼저 놔요.

부모님 돌아가시면 상복을 입었는데, 지금은 가리지 않아요. 그전 작은 할머니 돌아가셨을 때, 새타영(흰색) 자옷을 해 입었어요. 아들 자부 앞이다 우리 엄마 자옷을 해 입고 머리 위에다 모자 같은 것을 썼어요. 그전에 남자들은 싹 감투를 쓰고, 상 옷으로 허영 색깔의 자매기와 자옷을 싹 입었지요. 여자들은 자옷을 입고 위에다가 재매기라 하는 것을 입고, 고름 지단 것을 딱 이렇게 매요. 그 전에 고려 사람들 벨(베)로 그런 것 해 입었어요. 그런 것을 입고 남자들은 감투를 쓰고, 여자들은 쓰게 같은 것을 쓰거나 그렇지 않으면 수건을 쓰지요. 차탄이나 수건을 쓰고, 남자들은 싹 지팡막대기를 짚어요.

그런데 지금은 그런 것을 싹 잊어버렸어요. 작은 할아버지가 할머니를 모실 때는 고려 식대로 했어요. 우리 시대는 그런 법이 조금 있었으나, 아래 사람들은 그런 법이 없어요. 보지 못하였는데 어떻게 알고 하겠어요.

▌상세 날 때 준비하는 옷

우리 아들의 나이가 쉰둘 되어서도 러시아 말로만 하다보니까 아무 것도 몰라요.

"너 가서 혼 부르라."

뭐라고 부를 줄 몰랐어요. 혼이라는 말을 모르고, 어떤 옷을 가지고 하는지 몰라요. 혼을 어떻게 부르는 것인지 몰라요.

나는 한국에서 사람이 온다고 하여 한국에서 가져온 옷을 입고 있었어요. 그 옷은 제주도에서 나온 황토물을 들인 옷인데, 한국에 있는 손녀딸이 가지고 온 옷이었지요. 제 어머니도 한국 옷을 한 벌을 갖다 넣어 놓은 게 있었어요. 여름에 입는 옷이었지요. 그리고 한국에서 가져온 버선도 있고, 한복도 있어요. 그리고 내가 스스로 만든 새타영 아래위 한 벌의 한복도 있어요.

돌아가신 분한테 흰옷을 입혀 주는데, 주로 환갑 때 입었던 옷을 입혀 주지요. 그래서 죽으면 입고자 하여 전체를 싹 구해 놓았어요. 그리고 직접 옷을 만들었는데, 옷이 완성되기 전까지 거의 잠을 자지 않았어요.

▌남편의 상세

남편은 52년 동안 함께 살다가 세상을 떠났어요. 그런데 영감이 나보고,

"마누라, 날래(빨리) 들어 오라오. 텔레비전에서 누가 재미있게 노는데 저것 보시오. 일하는 곳에 떼(힘)쓰지 말고 이것을 보라오."

그때, 그때는 아들이 따로 분가를 하고 살고 있다가 아들이 나이 쉰(쉰) 되었을 때 집에 들어왔어요. 우리 춘섭재(?) 나가서 파가지고 좀 들어오려고 하니,

"야, 저렇게 놀상 보라이 어찌 재미있는가."

그 말을 듣고 손을 씻고 세수하고 여기 들어와 앉았는데, 그런데 거기 앉았다가 일어나면서 기침하던 게 숨 넘어 가요. 영감이 맥이 없는 것 같아, 손자에게 아버지가 거기 없어서 부르라고 하였지요. 그래서 손자에게,

"야, 너의 할아버지가 어쩨 맥이 없어 한다. 가서 아버지를 데려 오느라. 이찌 할아비지가 재미없다."

아들이 들어오더니 아버지의 허리를 척 끌어안으니, 아버지의 숨이 넘어갔어요. 영감은 고통스럽지 않게 세상을 떠나갔어요. 아들이 안아 아버지를 들어 눕혀 놓으니까, 이미 숨이 넘어간 상태였어요.

내 영감은 마음이 참 고왔어요. 쉰두 해 살아도 우리는 싸움 한 번 못 해 봤어요. 큰 소리도 못 쳐 봤어요. 술을 마셔도 마음이 고와서 할 일이 없어요. 그냥 자기 힘 빠지는 줄은 모르고 고생 고생하게 살다가 세상을 떠나도 정말 나에게 마음 고생을 아니 먹었어요. 그저 일을 작작하고 들어와서 재재하다고(되다고) 했지요.

영감이 나에게 서답(빨래) 한 번 아니 시켰지요. 집밖에서 하는 일은 내 해두, 어지간한 서답 내 못하지요. 어지럼(더러운?) 빨래를 못 시키고 영감이 다 하였어요. 불시 상세로 세상 떠나게 되니 어쩔 수 없었어요. 의사도 데려올 수 없었어요.

▌노년 생활

늘그막에는 발이 온전치 못하고 눈이 온전치 못하며, 귀도 온전치

못하고 하니 다 재미가 없어요. 그래 나이 칠십 안에는 눈도 잘 보이고 다리도 온전하고 귀도 밝고 하여, 그저 말하는 거 듣기만 하면 되었지요. 이제는 온전히 듣지도 못하고 온전히 보지도 못하여, 말해 보라 해야 할 줄 잘 몰라요. 그저 자리나 차지할 뿐이지요.

나이 먹으면 무슨 일이든지 한쪽 길밖에 기다릴 게 없어요. 황천길 밖에는 없어요. 영감을 만나고 싶기도 하고, 나이를 먹고 기다리는 것은 황천길 가는 것밖에 없어요. 황천길 가면 영감은 꼭 만나야지요. 지금 살아있는 게 나밖에 없어요. 우리 어머니, 오빠, 오빠 안사람, 여기에 우리 언니, 우리 영감이 이렇게 누워 있고, 내 자리도 있어요.

언니가 일흔네 살에 죽고, 오빠가 일흔여섯에 돌아가셨는데, 내가 올해 일흔여섯인데도 상세가 안 들고 생동(말짱)하단 말이에요. 그리고 아이들을 싹 걷어 모아서는,

"아주머니, 아주머니 하나밖에 없소. 오래 사소"

"할머니, 오래 살아 있으세요."

그저 손녀딸들은 이렇게 앉혀 놓고는.

"할머니, 우리 집에 와서 한 달만 있어주세요."

"내가 너희 집에 가서 어떻게 한 달을 있겠나. 집에 딸려 있는 식솔을 어떻게 하고서, 내 식구들을 어디다 어쩌고 내가 너희 집에 가서 한 달 있겠나."

오빠의 큰딸인 우리 큰조카 딸도,

"고모! 우리 집에 가면 오래도 못 있어. 한 달만 있어주세요"

나는 아직까지 잠만 아니 자고 왔어요. 그저 이것도 곱고 저것도 곱고, 다 곱고 기특해요. 모두 어여쁘다 말이에요. 오늘도 안드레아가 온다고 해서 목재이 시장에 가서 사면 그만인데, 기름밥을 앉혀 놓고 오면 먹이자고 그랬지요.

옷을 만드는 것을 일하듯 했어요. 18년 동안 옷을 만드는 일을 했어요. 그걸로 연금을 받게 되었지요. 나라에서 여기 돈으로 260전 타요. 26만원. 내가 번 것만 나왔어요. 내가 어려서부터 고생하다가 혼자 살아서, 그걸로 생활을 하지요. 그래 극박가(?)의 자식이 민박을 해서 그걸로 먹고 살아요. 다불린 회사 올라가서 심장이 약하고, 여러 가지로 내 이런 말은 못 하지요.

근데 어떻게 일하다가 손녀들이 오는 시간이었어요. 그랬는데 손녀가 한국으로 시집을 갔다 와서 말을 못해요. 그랬는데 한 달 만에 되돌아 왔으니까, 손녀를 내버려 두면 저리 말을 못 듣고 답답하지요. 둘째 손자는 별지건 사람과 마주 서서 말을 알아듣으니까 몸이 멀어지니 그래 주워 왔어요. 둘째 손녀를 데리고 와서 러시아 땅에 고려사람에게로 시집을 보냈어요. 외손녀는 한국에 두 명이 가 있지요. 외손녀는 결혼하면서 한국으로 시집갔어요. 내가 이 세상에 살았으니까 이렇게 보지요.

▌ 교회 다니던 이야기

"예수 믿으라."고 한국에서도 오고, 미국에서도 오고 해요. 예수 믿으라고 오면 영감이 먼저 세상을 떠나고 나서 안 믿어요. 3년간 수건 쓰고 어딜 나가느냐고, 아무 곳도 안 나가요. 흰 수건을 쓰고 명심해서 지키느라고, 동네도 안 가고 이웃집도 안 가고. 골집(?)도 자꾸 오라 하는데 안 나갔어요. 교회도 안 갔어요.

할아버지가 계실 때 다녔었는데 영감이 반대했어요. 이때까지 안 믿었었는데, 골(머리) 속에 묻혀 들어가기도 해서 안 다닌다고 반대로 했어요. 그런데 고려 글에 조금 익숙해지니까, 한국에서 나와서 고려 말도 하고, 마우재(러시아) 말도 하고 이러니까 재미있던 게, 이제 여기 목사들을 들여 놓으니 모두 마우재 말만 하지요. 그래서 재미가 없어졌어요.

한국 목사들이 와서 한국말 하면 그래도 알아듣게 말을 하여 알아듣는 건 알아듣고, 고려 글도 쓰고 대화도 하니까 재미있었지요. 지금은 나이도 더 먹고 눈도 잘 안 보이고 다리도 많이 안 좋아서 다니려고 하면 맥이 없어 영감이 죽던 해부터 안 다녔어요.

처음에 목사들이 와서 믿으라고 할 때는, '믿어서 낭패 없는 거, 하라는 대로 해보지'란 생각으로 칸찌네 교회 나갔지요. 그래 한국말을 할 땐 내 머리 속에 쏙쏙 들어왔는데, 전부 통역을 해주니까 머릿속에 쏙쏙 들어와서 재미있어 했지요. 그런데 이젠 여기 목사들이 온통 마우재 말만 하니까, 러시아 말은 내가 공부도 못하고 좀 부족하다나니까 좀 재미가 없어졌어요. 알아듣는 건 알아듣고 못 알아듣는 건 낭패지요. 그러다보니까 고려 글을 쓸 때는 재미가 있었는데, 좀 재미가 없어져서 다시 끊었어요.

▮ 북망산

북망산은 여기도 있어요. 저기 한쪽에 모두 고려 사람들이 거기 들어가지요. 거기에는 내 어머니, 언니, 오빠, 오빠 안 사람, 영감이 누워 있지. 이렇게 같이 누워 있어요. 내가 죽으면 영감 곁에 좋은 데 자리 내놨어요.

살아서 모여 있던 것이 죽어서도 모여 있어요. 우리 아버지가 없다는 것 빼고 모두 우리 모여 있어야죠. 내 언니 하나, 오빠 하나, 제일 조그만 내가 있지요. 우리 어머니가 아버지 없이 우리 셋을 데리고 왔는데, 우리 언니는 눈이 조금 안 좋았어요. 그래서 시집을 가서 아들 하나 딸 하나를 낳았어요. 언니도 환갑상 다 받고서 일흔넷에 세상을 떠나갔어요.

▮ 못 먹게 된 소금

바다에서 소금을 만들어 사람들에게 팔러 다녔어요. 그 소금을 팔러 다니면, 어떤 때는 오래 되어서 썩어서 못 먹게 되는 경우(짠맛이 없어졌다는 의미)도 있었어요. 사람들이 전부 이렇게 와서 어떤 소금인가 하고 먹어보라고 줘요. 먹어보면 짠지 어떤지 알 수 있으니까요. 소금이 어떤 건 안 짜기도 하고, 썩어서 하나도 못 먹게 된 것이 있기도 해요. 그래서 소금 파는 사람들을 아무도 못 믿어요. 그런데 백계(우즈 벡인)들은 거짓말을 안 해요.

소금은 보통 80kg짜리와 70kg짜리가 있는데, 각기 2켜대(푸대)를 사면 가을에 고추가 있어 딱 한 켜대 필요해요. 우리는 일 년에 소금을 많이 먹어요.

집에서 먹는 것은 중 소금이에요. 배추도 심고 곡식도 심고 해서 김장을 해요. 가을에 싹 거두는데 밭에서 심는 건 잘 되고 뒷터에 심는 배추는 잘 안 돼요. 고려 사람들은 씨를 비싸게 샀는데도 낭패를 봐요. 그리고 젊은 사람들은 어떻게 하는지도 몰라요.

▌ 민속놀이(윷놀이, 시쳐이 골패, 꼼추놀이)

이곳에서 윷놀이를 했는데 나는 하는 것을 구경만 했어요. 옛날에도 있었지만 잊어버리고 1991년 이후에 목사님이 와서 가르쳐 주었어요. 놀이는 고려 설날, 단오, 크리스마스 때에 하였어요. 그런데 기억에 의하면 어렸을 때는 종지 속에 윷을 넣고 흔들었다가 놓는 종지 윷놀이를 했던 것 같아요.

다음은 얇고 길쭉한 것에 어떤 글을 쓴 것을 가지고 펴 놓고서 노는 놀이가 있는데 이를 시쳐이라고 하지요. 이 놀이를 하면 바쁘다(어렵다)고 하지요.

노인들이 많이 했던 놀이로 골패가 있어요. 골패 노름은 이렇게 잡고 뿌리면서 놀음을 했어요. 종이에 그림이 있는데, 그게 시쳐 놀음이라고 이것 글씨 쭉 펴놓고 하는 놀음이지요. 아들에 의하면, 놀음은 빠바 형님 친구들이 돈을 모아 놓고 노는 것을 봤데요. 그게 다 돈 놀음이지요. 그것도 시쳐 놀음이라고 하는 것을 봤지요. 그리고 실제로 돈을 주고받으면서 놀음을 하였는데, 친구들이라 싸움을 하지 않았어요. 이때 집은 걸지 않고 차를 걸고 하는 사람도 있지요.

어린 고려인들이 하는 놀이로는 막대기를 가지고 하는 '랍뚜'라는 놀이가 있어요. 막대기 가지고 이렇게 치면서 아이들을 붙들어서 하는 바까놀이를 했어요. 나는 여자로 태어났지만, 선머슴 애들과 같이 채기(?)했으며, 푸드볼도 놀고 말을 타고 다녔지요.

▌동삼(冬三) 기간의 놀이와 명절

우리는 일을 하다가 동삼(겨울 동안)에 눈이 떨어지면 놀기 시작하지요. 동삼에 가서 눈이 떨어지면 실컷 놀았지요. 겨울에 무슨 일을 하고 노는가 하면, 동네 구이단(?) 잔치에 가서 놀기도 하고, 극장에서 설날 쇠려고 하면 나가서 춤추고 노래하지요. 그 다음으로 여자 해방 날(여성의 날)이 있는데, 소련에서는 '우심이마타' 3월 8일이면 여성 기념일이란 말이에요. 그러면 3월 8일에 나가서 또 놀아요. 남자들은 남자기념일인 10월 24일에 나가 놀아요.

한식은 전부터 묘소로 나가는 날이고, 단오에도 나가는 날이고, 추석도 산으로 나가는 날이지요. 그래 이날들은 산의 묘소로 나가는 날이라 놀지는 못해요. 그리고 동네에 무슨 일이 있으면 가서 놀았지요.

우리는 동삼에 마을을 돌아다니면서 먹으며 놀아요. 이야기도 하고, 춤도 추고, 노래 창가도 부르면서요. 그때 무슨 이야기를 하느냐면, 그저 동네서 오래 못 보면 서로 반가워서 좋은 말도 하고, 우스갯소리도 하고, 잠꼬대도 하고, 그저 방탕한 말도 하고 그러죠.

▌귀신불

갑자기 불이 크게 나타나 가지고 가보니까 불이 났어요. 그런데 가보면 아무 흔적도 없었어요. 그 자리에 가니까 불꽃이 날아간 불딴지 하나 없어요. 그걸 바로 귀신불이라고 하는 거예요.

▌협동조합

여기에서 고려 사람의 조합은 4년 전부터 망하기 시작해서 지금은 망했어요. 고려 사람이 조합에서 하는 일은 주로 농사일이었어요. 여기서는 공동으로 목화 심기, 베(벼) 심기, 비단 베(마) 심기, 참외 심기, 수박 심기와 같은 일들을 했어요.

하지만 조합이 망해지고 없어지자. 백계(우즈벡인)들이 망쳐 놓고, 지금 고려 사람들이 세우려고 하지요. 아들 친구들과 같은 고려 사람이 나서서 올해 조합을 세웠어요. 국가에서 조합을 맡아 키우려고 하니까 자기 아젠다(일정으로)로 목화도 심고, 새 밀도 심었어요.

옛날에 조합에서 일을 하면 당장 돈으로 받지 않았어요. 내가 가서 일을 하면, 일한 것만큼 나중에 받았지요. 그때 조합에 나가서 일을 하면 밥을 해서 주었기 때문에 굶어 죽지 않았어요. 하지만 기존에 있던 조합이 3년째에 없어졌어요.

이곳의 조합 이름은 레닌그라드였어요. 레닌그라드는 락타우라는 곳으로 낮에 식사를 하였던 거기부터였어요. 레닌그라드에서 일을 할 때는 완전 재밌었어요. 일을 나가면 층층이 콩을 심어 만들어 놨어요. 그때 이 조합에는 백계(우즈벡) 사람들은 이웃마을 한 쪽에 조금 있었고, 여반이 길 아래에는 거의 싹 고려 사람이었어요.

▌백계인(우즈벡 사람)들과도 잘 어울림

백계인들은 고려 사람을 높여 보니까 고려 말을 배웠어요. 우즈벡 사람들은 우즈벡 학교에다 넣지 않고 러시아 학교를 다니게 하였어요, 그래서 러시아 말을 배우게 했어요. 고려인들은 이런 우즈벡 사람들과 화목하게 지냈어요. 우즈벡 사람들은 고려인들의 김치나 고려 음식이 나오면 먹어보고 맛있다고 하였어요. 우즈벡 사람들처럼 고려 사람들도 백계의 김치도 먹어보고 차도 먹어 보았어요. 우즈벡 사람들은 개를 스스로 잡아서 보신탕도 먹었어요. 우즈벡 사람들은 돼지고기를 보면, 처음에는 "우!" 하고 돌아서버리며 좋아하지 않았어요. 하지만 요즘 와서 돼지고기를 달라고 하지요. 오늘 밥을 먹은 집도 우즈벡 집이 었는데, 돼지고기로 만든 사슬릭(꼬치구이)을 굽고 하잖아요. 우즈벡 사람들이 돼지고기를 먹는지는 모르겠지만, 무슬림들은 먹지 않아요. 그래서 우즈벡 사람들은 돼지고기를 고려 사람에게 차려 줬어요.

요즘 장내기들 잡어. 어정(보통) 개를 고려인들이 잡으면 얻어 우즈벡 마을로 막 들어갔는데,

"나도, 나도 내 건 내주시오."

잡은 거 막 들어가요. 그래 고려 사람들한테 낯이 없어요. 싹 싸우던 백계들도 거져,

"나도 이거 달라. 나도 이거 달라."

그런데 레닌그라드 조합이 결성됐던 해에 우즈벡 사람들은 돼지고기가 나오면 먹지 않았어요.

우즈벡이 독립한 다음에는 조합의 이름이 싹 바뀌었어요. 이제는 이 락타우, 이전에 조합 이름은 레닌그라드였어요. 그 다음에 어뜨레 찐떼다우예가 되고, 이젠 보통 따샤우라고 부르게 되었어요. 또 닐스니크 치르치크 다이어리라 하더니, 이젠 구이 치르치크라 하였어요. 지금도 옛날과 같이 따샤우라고 부르고, 구역은 구이 치르치크라고 불러요. 농장과 마을 이름을 따샤우라고 불러요.

우리 고려의 한 가정에서 학교를 연 것은 1937년이었어요. 한 가정을 열었는데, 이것이 합쳐지게 되니까 고려 가정이 없어졌어요. 그래

고려 글을 가르쳐 주던 사람이, 우즈벡 학생들에게 고려 글과 고려 춤을 가르쳐 줬는데, 이제는 그 사람도 없어지고 모두 다 없어졌어요. 그때는 고려의 설날에 우즈벡 학생들이 고려 옷을 입고서 새해 인사를 드렸어요.

"새해에 맞이하여 많이 복 받으세요."

라며 새해 인사말도 하고, 고려 노래를 부르며 춤을 추기도 했어요. 이들은 고려인 어른 앞에 와서 엎드려 절을 하는 세배는 하지는 못하고, 죽 서서 경례를 했어요.

3. 열사에서 온 김 니콜라이 벤허노비치[18]

▌출생 및 성장지

옛날 청일전쟁 때 다섯 여섯 살 먹은 촌 영감 무엇인가 하니, 극동에서 본 것 같은 분이 고처(여러 곳)에 살았어요. 산이 이렇게 높고 다음에 또 낮아요. 그러면 거기 강이 있거든요. 고려 사람들은 그 강을 옆에 끼고 살았어요.

그런데 어떤 곳은 강이 넓은 큰 강이 있고, 어떤 곳은 작은 강이 있어요. 그래 우리 대평재라는 곳은 강이 커서 사람들이 많이 모여 지냈

---

18) 앞 장에서 언급된 김 니콜라이 벤허노비치의 내용 일부가 생애담에서 중복 기술된 부분이 있음.

김 니콜라이 벤허노비치

어요. 그리고 학교는 7학년까지 있었고요. 저 근방 건너에 다보이라는 곳은 강이 조금 작아요. 그리고 땅이 좁으니까 사람도 적더라고요. 그곳은 작으니 담벽욱(담벼락)이 나면 다 듣지요. 그러니까 생산품도 적을 수밖에 없어요. 그때는 곳에서 김병화가 태어났고, 나는 이쪽 대평재에서 태어났지요. 병화 다닐 때인 어릴 적이 기억이 아득하네요. 그렇게 놀았어요.

▌이주 과정

1937년에 원동에 살다가 여기까지 이동하여 오는데 얼마나 걸렸느냐면, 한 달이 넘게 걸렸어요. 한 달이 넘었죠. 그런데 정말 기가 찰 노릇은, 우리가 타고 온 기차가 무 같은 것, 짐을 싣는 기차였어요. 그런 짐 싣는 기차인데, 짐을 실어 놨어요.

그 화물차의 한 칸에 몇 호나 실었는가 하면 하나, 둘, 셋, 넷, 다섯, 여섯 호를 넘게 실었어요. 그래서 천장 밑에다 실었죠. 다른 쪽에도 천장 밑으로 해서 이층으로 만들어 지실과 천장으로 나누어 놨어요. 그게 무엇인가 하면 이렇게 살았다고 해요. 그때 한 집의 아비와 아들 오다가나니 사람이 적으니까, 그 사람들까지 지명하였다 하잖아요.

▌ 기차 속에서의 생활

이동하며 밥은 어떻게 해 먹었느냐면 기차역에서 끓여 먹었지요. 끓여 먹고서 시간이 없으면 손을 못 씻고 차를 탔데요. 그래서 도착할 때가 되면 밥을 해먹을 가매를 싹 준비를 하였지요. 감자랑 싹 다 물에 넣어서 준비를 하곤 했지요..

그런데 그냥 물도 없으니까, 기차가 역에 도착하면, 젊은이들이 먼데 가서 물을 길러 오곤 했어요. 그래 그 사람들이 물 없이 거기 내려서 밥 구들이나 벌써 싹 다 준비를 해놓지요. 그래 여기 내린 다음 돌을 걸어, 독을 놓고선 밥과 국을 끓여요. 어떤 때는 밥이 다 되지 않았는데, 차가 떠나면 기차 안으로 가지고 올라왔어요. 감자도 덜 익을 수밖에 없었죠. 그리고 저녁에는 초를 줘요. 초를 두어 개 밖에 안 주니까 부족해요. 초를 피우고 꼽아 놓으면 얼마 지나지 않아 금방 타들어가 버렸지요.

▌ 강제 이주의 원인

조선 사람은 모르는데, 그러니까 일본 사람들이 원동에서 탐지군(첩자)인지 무엇인지를 많이 했어요. 고려 사람은 일본 사람과 낯이(얼굴이) 비슷하게 생겼잖아요. 그 일본 사람(탐지군)을 없애려고 그런 거죠.

일본 사람들은 여기까지 오지 않고, 고려인들만 왔어요. 소련 정부는 35년부터 원동에 일본 사람이 들어올까 봐 고려 사람들을 다 없애

버리려고 했어요. 스탈린이 그렇게 말하니까 알겠죠. 결국은 일본인들을 못 들어오게 하려고 고려인들을 옮긴 거였어요. 이쪽에 무슨 경제가 낙후 돼서 여기를 개발하기 위하여 보냈다는 것도 있지만 그건 아니었어요.

여기 소금 땅에 와서 무엇을 하고 살았느냐면 목화질 하고 벼를 심어요. 소금이 많은 땅에선 그냥 저 곡식이 잘 자랐어요. 물을 잘 들어가게 하면 잘 자라요. 동삼에 물을 가두었다가 계속 넣어주면서 이렇게 소금을 빼 내었지요. 그곳에 벼도 심고 목화도 심었지만, 삼(麻)은 심지 않았어요.

▌감옥행은 곧 죽음

러시아가 1937년 강제 이주를 시작하기 전 원동을 떠날 때, 조선인 중에 똑똑한 사람들을 우선 죽이고 끌고 왔다고들 해요. 사실 떠나기 전 벌써 잡아들였지요. 어렸을 때니까 잘 모르지만, 그때 똑똑한 사람들과 지식인 그런 사람들 만 명을, 아마 만 명이 더 될 거예요. 원동에 살았던 사람과 열차에 태워서 이곳에 도착한 숫자와 비교했을 때 만 명이 보이질 않는다고 해요. 당시 비밀경찰에 잡혀가면 죽음을 의미하지요. 내가 알기로는 감옥에 갔다가 살아나온 사람이 세 명을 보았어요. 몇 천 명을 더 잡아갔는데, 딱 세 명 살아 나왔어요.

▎이주 초기의 시신 치우기

강제 이주한 고려인들은 처음에 모든 면에서 고생을 너무 많이 했어요. 고생한 사람 중에 죽지 않겠어요? 사람이 죽으면 갖다 묻기야 하지요. 그때는 관이나 널이란 것을 가져온 것이 없었어요. 널이 없으니까 사람이 죽으면 정재(멍석과 비슷)에다 뉘여 말아가지고 갖다 묻었어요. 그때 널이 있는 사람들은 널을 했지만 대부분은 널이 없어 정재로 말아서 묻었어요.

그때 정재라는 것은 깔대로 만들어 앉는 것이었는데, 그 구들에 깐 정재를 갖다가서 시신을 파묻었어요. 구들 위에다가 깔로 만든 정재를 놓았지요. 정재를 구들 위에다가 놓고 앉을 때 참 뜨뜻(따뜻)해요. 57년, 58년에도 바살(바자르: 시장)에 나가면 그런 정재를 해서 팔았어요.

▎처음 이주한 곳

처음부터 여기 김병화 마을에 와서 산 것이 아니고, 전쟁 때 여기로 와서 살게 되었지요. 일곱 살 때 중앙아시아 고린토만으로 이주하여 살았어요. 타쉬켄트에서 2천km나 떨어진 호리무즈 주 허리슨 주로 이동했어요. 거기 와서 다시 아랄 바다라는 게 있는 곳으로 갔어요. 그 바다는 지금 싹 다 쫄아서 조그만 호수가 됐어요. 그전에는 바다에 배도 다니고 그랬어요. 이젠 배도 없어요.

1937년 그곳에 아라스티모라는 항구가 있었어요. 이 아랄 바다에서 아무다리아 강이란 우즈베키스탄 큰 강에 배가 다녔어요. 이제는 배로 못 가고, 몽크라고 끌고 가는 배로 아무다리아 강으로 올라오곤 했죠. 배로 바다에 올 적에 조그만 배로 끌었지요.

아무다리아 강 여기서부턴 조그만 배가 끌어다 줬지요. 배를 여기에 달아, 아무다리아 강에는 배가 안 돼요. 거기엔 배가 없어요. 그렇게 물을 길어오다가 앞에까지 이렇게 배 한 척에 가지고 와요. 배를 당겨 구동을 따라 이쪽 두 번째까지 거의 열흘을 왔어요. 그렇게 우르겐치까지 갔죠. 우리는 우르겐치 근처의 조그만 도시에 살았는데 첫 번째로 도착했었지요.

그런데 도착한 땅은 소금이 많은 땅이었어요. 처음에는 기차를 타고 카자흐스탄에 와서, 배를 타고 그곳으로 온 것이었죠. 이쪽에서 사람들을 갈라진 놓은 것은 어떻게 갈라 났느냐면, 직업 따라서 나눈 게 아니고, 사람들이 사는 곳에 따라서 항구로 간 사람들 이쪽저쪽 여러 군데로 보냈어요. 카자흐스탄에 간 사람도 있고, 그 다음에 우즈베키스탄으로 간 사람도 있어요. 탄광에 일한 사람은 석탄을 캐는 탄광으로 보낸 것이 아니라 아무렇게나 보냈어요.

▌김병화 마을로 탈출

김병화 마을의 역사를 잘 아는 것은 조합에서 경제 일꾼으로 오래 있었기 때문이죠. 여기 김병화 마을은 1937년부터 있었어요. 우리는 우르겐치 근처에서 한 20년을 살았어요. 그리고 1957년에 여기 김병화 마을에 와서 살기 시작했으니까, 우리가 여기 산 지도 한 오십 년 정도 됐죠. 그래 딸이 다닌 학교와 대학, 내 다닌 대학이 타쉬켄트와 타쉬켄트 대학 이름이 같았기 때문에 왔죠. 그리고 숙부께서 이리 하시더래요.

"형님이링 아들부터 내려오라. 그래 조선이나 원동에시처럼 늘그막에서 같이 살자."

우리 아버지가 57년에 이곳으로 왔지요. 지금은 우르겐치하고 타쉬켄트에 기차가 있지만 그 전엔 없었죠. 그전에는 무엇으로 다녔냐면 아랄 바닷물로, 그 다음엔 아무다리아 강물로 걸어 다녔지요. 그리고 노사붕(모래 수렁)이라고 있는데, 거기 가서 자동차 빠졌으면 죄다 쌓였어요. 그래 자동차는 안 다녔어요. 자동차는 다니다가 빠지면 빼지를 못하여 댕겨도 혼자선 못 댕겨요. 같이 다니다가 빠지면 잡아 댕겨서 빼내야 되죠. 그리고 49년에 공사를 시작하여 51년에 기차가 생겼죠. 사람이 다니니까 완공을 좀 더 빨리 하지는 못하였죠.

그곳에 볼 만한 곳은 히바라는 데밖에 없어요. 그리고 소금 땅이니까 더 볼게 없죠. 사마르칸트나 히바 이런 곳에는 옛날에 아라비아 사람들이 많이 와서 좀 볼 것이 있고 그밖엔 없어요.

그래도 소금 땅에 오아시스 같이 물이 나오기는 하지요. 그런데 이 지방 사람들은 아무다리아 강물을 직접 마셨어요. 그 물은 먹어도 탈이 없고 맛이 있어요. 그리고 어떤 사람들은 개흙을 파서 밑에다 놓고, 그것으로 물을 오랫동안 걸러서 먹었어요. 가라 앉혀서 먹기도 하고요.

이곳의 물은 소금물이라 짜거든요. 거기 지방 사람들은 차를 먹지 않고 그냥 강물만 먹지요. 이런 물 안 먹어요. 괜히 그것이 좋은 물이 아니라 못 쓰는 물이에요. 아무다리아 강물을 끌어다가 들었지요.

가을이 되면 위에서 어쨌든 막거든요. 그러니까 물이 못 내려와요. 그래 물을 오랫동안 가지고 몇 달 동안 먹었어요. 그런데 가을이 되면 물을 막아버려요. 가을이 되면 저기서 물이 요구되니까 막았죠. 밭에 물이 요구 아니 되니까요. 그러면 그동안에 받아 놓은 물을 가지고 먹고 사는 거예요. 그렇게 우리 고려 사람들은 그 구렁물(샘물)을 파서 그걸 먹었어요. 구렁물을 이렇게 파서 보면 우물물이 짠데, 그래도 가면서 구렁물을 많이 팠지요. 그래 어떤 집은 쪼금 나은 집이 있어요. 어떤 집은 물이 짜지 않고, 어떤 집은 물이 짜죠. 그래 좋은 집에 가서 물을 먹었어요. 그래 물이 쪼금 나왔으니까 구렁을 싹 다 잡아서 팠어요.

그럼 우르겐치에서 여기 타쉬켄트까지 차로 오면 며칠 걸리느냐면 하루 반, 차를 좀 빨리 달려도 서른여섯 시간 동안 걸려요. 그런데 이젠 그렇게 안 걸려요. 투르크메니스탄으로 차가 지나가게 되어 있는데, 소련이 파산되고 공화국이 되니까, 이 사람들이 지나가는 것을 방해한단 말이죠. 지나갈 때 검열을 일일이 해 가지고 우즈베키스탄에서 찻길을 새로 놨어요. 그래 새로운 찻길을 만들어 우즈베키스탄은 카자호스탄이나 투르크메니스탄으로 들어가지 않고도 바로 갈 수 있게 되었지요.

▍아무다리아 강의 물싸움

아무다리아 강은 중앙아시아에서 제일 큰 강이에요. 그 다음에 쓰르다리아 강이 있는데, 아무다리아 강의 절반도 안 되는 작은 강이에요. 옛날에 아무다리아 강에는 큰 배가 다녔는데, 지금은 배가 못 다녀요. 왜냐하면 투르크메니스탄이 강물을 막았거든요. 그렇게 개폐하면 그 다음에 내려가게 되도록 소련 때 만들었죠. 자기 힘으로만 가더라고요.

그래 이제 우즈베키스탄에서도 상류를 막는 공사를 하고 있어요. 투르크메니스탄과 비슷하게 댐을 만들었어요. 이제 우즈베키스탄을 방해하지 못하게 되었어요. 오히려 투르크메니스탄이 물 때문에 걱정이 많아졌죠.

▍호리스모 주의 장례법

처음 이주한 고린토만은 소금의 땅인 호리스모 주였어요. 그곳은 소금이 많이 있었죠. 그 지방 사람들은 사람이 죽으면 파묻지를 안 하였지요. 파묻으면 썩질 않아서 이런 나무 위에 사람을 놓고 벽돌같이 쌓아 놓았어요. 나무를 놓고 쌓아 그렇게 장사를 지냈지요. 그런데 고려인들은 소금 땅에다 그냥 파묻었어요. 그럼 시신이 안 썩는 데도 그냥 파묻었어요.

4. 약사 신 아나톨리 페트로비치

나 아나톨리는 신병길의 두 번째 부인의 일곱째 아들로 유일하게 생존한 아들이에요. 대학을 졸업하고 약국에서 일을 하였지요. 약국에서 하는 일은 약이 좋은지 나쁜지 판단하는 일이었어요. 이런 일도 하고 약국 안에서 여러 가지 일도 하였지요. 약 만드는 일부터 검열

신 아나톨리 페트로비치

하는 일까지 하는 경제역을 담당하는, 말하자면 약국에서 그냥 렝게지스커(?) 하였지요.

1937년 우리 부모들이 원동에서 강제로 이곳 중앙아시아 우즈베키스탄으로 올 때, 꿈같은 것을 생각해요. 무척 어렸을 때, 어디 오다가 있었던 그것에 대해 여러분들이 말했지요. 여기 오면서 따가운(더운) 물도 없었고, 대소간에 물을 지고 오다가 차가 떠난 역에는 그것 따라와야 하였고, 그 기차를 놓친 역은 다음의 다른 기차에 앉아서 와야

하는 그런 고생하면서 이곳에 들어왔지요.

그래 이곳으로 들어오니, 우즈베키스탄에 사는 민족이 조선 사람들을 반갑게 받아들였어요. 우리 사는데 조선 사람이라고 차이를 두지 않고, 그렇게 한 해를 거기에서 살면서 우즈벡 사람들과 같이 일을 했지요.

이주할 때는 너무 어려서 기억이 하나도 안 나고, 자라서 일할 때부터 말씀드리겠어요. 가까운 동무들은 내 둘을 아는데, 우즈벡에도 없고 조선 사람들에도 없습니다. 첫째는 누구인가 하니까, 내 거닐던 대학 렙든나 지도자(대학교 총장님)이고, 다른 하나는 일하다가 만난 동무가 우리 구역에서 큰일 하지요.

약국에서 전담으로 일하던 약사였어요. 약국을 병원 안에 해 놓으니까, 다른 데보다 환자들이 있으니 좋은 약이 많았어요. 그래 사람들이 어디보다 더 바쁜 일꾼이라든지, 어디 나그네들이 나한테 와서 가지(가져) 가지요. 파는 약국이 아니니까, 놓으면 그저 가져가지요. 그래서 내 동무는 그 지방 사람들이 나에게 오면,

"골이 아프다고, 그 골약을 좀 달라."

골이 아픈 약을 달라고 해, 한 갑씩을 그 사람에게 주었어요. 그렇게 주면 거기서 하나 딱 먹고,

"이 보오. 병원에서 온 때는 내 한 알을 먹었으니까."

"왜 하나만 가져가는 그런 짓을 하는가, 당신이 이 구역의 큰일을 하는데 그딴 것 가져가는데, 한 알 먹는다고 그런 말하는가."

그래 한 알 먹고서 남겨서 주지요.

"이래 내 더는 국가 약 아니 들겠다."

그래 내 살다가 그런 사람 딱 둘을 봤어요. 그래 그렇게 진정한 그 사람이 그렇게 사는데, 나랑 한 번씩 만나지요. 우즈벡 사람들이 진실로 안 사귀는 그건 기미(상황)가 나요. 살아선 그런 사람 딱 둘 봤어요. 그렇게 진정한 사람 아무리 보자 해도 없어요.

▌이주 명령에 대한 견해

조선 사람들이 원동에서 중앙아시아로 37년에 나왔지요. 그래 1924년에 레닌이 사망하고, 다음에 스탈린 형제가 일을 했지요. 그때까지 국가쟁이 루비(?)란 것이 없었어요. 소련 때에는 대통령 같은 사람이 없었어요. 그런데 그 사람이 하나 있었는데, 그에게서 대통령의 정기를 느꼈어요.

그런데 그 사람에게 대통령의 일을 안 시켰대요. 그래 고려 사람이 원동에서 들어올 때, 스탈린 그 정제스라고, 스탈린 철새들이 고려 사람들을 보내라고 하였지요. 그런데 스탈린이 두 번째로 서명하고, 첫째는 누구 들었냐니까 몸무드, 그때 쁘리시대학교 솔라드 몸무드였지요. 그러니까 소비에트 국가법이, 경제도 국가쟁이 아니 되어나니까, 군대 모법으로 스탈린이 문서에 사인을 해야 했어요. 그런데 스탈린이 이주명령서에 사인을 하지 않았는데, 그 몰로또(몰로도프)라는 사람이 사인했어요.

그래 러시아 역사에는 매번 그랬었어요. 혁명 때부터 지역 마스터에 의해서 조선 문제, 스탈린 초쯤에 쓴 게 아니라, 소련 사람이 일신한 것처럼 주제를 해서, 어떻게 소비에트 국가에서 사인하지 않고 뭄무드 혼자 싸인을 해서 보낼 수 있는지요?

스탈린은 똑똑한 사람이지요. 스탈린이 그 사람이 밀려온 사람을, 옳으나 해진 것 다 없애 버리고, 왜 그런 것을 했는지 모르겠어요. 그 아래 일꾼들이 그랬든지 어쨌든지, 이제까지 나 혼자서는 모르겠어요. 어떻게 그 똑똑한 사람이 그런 짓을 했는지요.

▌강제 이주 과정

1937년도 강제 이주할 때 기억이 잘 안 나지만, 누구랑 같이 왔는가 하면 아버지, 어머니, 형님 둘, 누이 하나, 그리고 누이 하나는 다른 곳에 앉아서 왔어요. 우리는 7남매에요. 내가 들어올 적에는 누님이 넷이지만 조선에서 시집가서, 내 아버지, 어머니, 형 2명, 여동생, 그러니까 이주할 때 누나와 같이 왔어요. 누나들 셋이 다른 기차를 타고 이쪽으로 왔어요. 누나들은 시집가서 다른 구역에 살아 다른 기차를 타고 왔지요. 시간이 안 맞아 몇 십 년이 지나간 후에야 만났어요. 내가 출발했을 때 대여섯 살이었지요. 여섯이나 일곱 살이고 당시에 아버지는 1888에 태어났으니까 49세에 왔고, 어머님은 47세에 들어왔어요. 가장 기억에 남는 것은 당시 전쟁이 났는데, 46년에 우리 어머니가 돌아가신 일이에요.

우리 어머니는 전 남편이 39살에 죽어 재혼을 하여 아버지에게 두 번째로 들어왔어요. 어머니는 우리 아버지에게 와서 아들을 낳은 게 일곱은 낳았는데, 다 죽고 마지막 나 하나 살았어요. 아들을 내 놓으면 죽고 그러니, 내가 원동에서 섣달 16일에 낳았어요. 자꾸 죽으니까 동네 사람들이 말하였지요.

"죽으면 죽고 살면 살고, 얼음을 끌어다가 아무렇게나 싸서 얼음 속에다 걷어 넣으라."

나를 그래 했던지, 내 위에 낳은 형님들은 다 죽고 나 하나만 살았어요. 그 얼음이 다 녹고 거기서 김이 모락모락 나는데, 쪼금인 게서 난 것이 나는 낯이 새까맣게 되고 이랬어요. 그렇게 살아난 게 이때까지 이래요. 내가 지금도 사진만 찍으면 찔끔해요. 그런데 병이 없는데 사진 찍는 사람들이,

"아무 병은 없는데 시꺼멀까?"

그래 시방 사진 찍으면 그 필바네(사진사)가 질겁해요.

▌어머니의 죽음

아버지한테 부인이 세 명 있었데요. 각 부인마다 20년씩을 살다가 돌아가셨어요. 첫 부인 20년 지나가니 돌아가시고, 두 번째 부인인 내

어머니 20년에 돌아가셨어요. 먼저 서방한 부인은 아들 둘에 딸 셋을 낳고 돌아가셨데요. 둘째 부인인 나의 어머니와 결혼하여 7명을 낳았는데, 일곱 번째인 나 하나만 살아남았어요. 아버지의 세 번째 부인은 자식을 낳지 못하였어요.

46년에 우리 어머니 돌아가시고 나니 둘이 살기 바쁘지요. 우리 아바이(아버지)는 58세 되셨고 내 나이는 14살이었어요. 우리 아버지 자식들이 일곱이나 다 죽고 나 하나 사니까, 나를 금이야 옥이야 했지요. 어머니는 나를 그냥 끌어안고 잤지요. 46년에 어머니 상이 나니까, 바로 아버지가 서바(장가) 갔어요. 몸이 좋은 여자가 들어왔지요. 아버지 잘 모시고 막 그랬어요.

그런데 46년에 다른 어머니가 들어오니까, 세 번째 부인 들어왔는데, 착한 좋은 사람이었어요. 그런데 어머니가 나를 품에 안고 잤던 생각이 있어서 못 받아 들였어요. 그래서 힘들어서 집을 떠났지요. 내 집에서 얼마 살지 못하고 나와서 집이 없이 혼자 벌러 다녔어요. 그래서 학교에서 글도 얼마 못 읽고, 10년제도 못 졸업하고 이 학교 마치다 이래나 저래나, 그래 나이는 있으니까 아무래도 10년제는 졸업했지요. 나중에 대학도 졸업했어요.

집을 떠나니까 내 학교를 다니면서 공부를 할 수도 있고, 일하면서 공부할 수 있었지요. 그래 나는 일하면서 공부했어요. 그렇게 해서 학교는 대학까지 졸업했어요.

▌아버지의 사랑

그때 집을 바로 나왔다가 48년도에 아버지에게 왔다가고, 그때 나를 안고 육갑도 빼주고요. 내가 열네 살 먹었을 때, 그때는 글도 모르고 그랬어요. 아버지가 옛말도 내가 읽어보게 하고, 『삼국지』 역사도 말씀해 주셨어요. 그리고 아버지가 나를 이렇게 품에 안고 첫째로 나의 육갑을 해 줬어요. 앞에 말씀드렸던 『삼국지』 역사, 유현덕, 장비, 관운장 역사도 얘기해 주시고, 일본의 소시비(소서행장) 얘기도 해주시고, 큰아들처럼 딱 앉혀놓고 옛말도 하고 육갑도 띠어 주고 그랬어요.

양반 안에 사람이 제일 거슬리는 건 도둑질한 게 제일 무서운 거죠. 어떻게 아무리 바빠도(힘들어도) 어디서 남의 도둑질을 하겠어요. 그런데 한 번은 너무 굶어서, 바빠서 딱 밤에 콜호즈 방에 들어가서 강제로 파서 담아온 그것밖에, 내 사전에 도둑질한 게 없어요. 도둑질은 하지 말아야 돼요. 살면서 도둑질이란 건 하지 마세요. 남 건들지 말고, 이래 짐승도 있으면 더 좋은 거 남 주고, 더 못한 거 남 주지 말라고. 그렇게 고생하면서 살았어요.

▌아내의 만남과 의과대학 졸업

아내를 만난 것은 같이 공부하고 일하다가 만나게 되었어요. 나는 학교를 졸업할 때 학교에서 일하면서 공부를 했기 때문에 가족들하고 같이 있지 않았어요. 아내는 졸업하고 바로 만났어요.

졸업한 뒤에 만난 아내는 그때 우체국에서 근무하고 있었어요. 50년대에는 중매와 연애가 반반이었는데, 아내와 연애결혼을 하게 되었어요. 아내를 소개받아 데이트하게 되었어요. 약혼을 한 뒤에 대학을 입학해야 하는데 돈이 없었어요. 어느 날 아내가 말을 했어요.

"내가 일하고 당신은 대학에 붙을 만하면 붙으라고, 입학을 하면 제가 돈을 빌겠다."

그래 그 서류를 가지고 버스를 타고 가다가 의대 앞에 내렸어요. 그래 의대 서류를 제출하고 바로 입학하게 되었어요. 아내가 돈을 대주기로 하였는데, 장학금을 받으면서 공부를 했어요. 그 학교에서 일하면서 졸업했잖아요. 그래서 졸업장을 가지고 왔지요.

그런데 처음 서류를 제출할 때를 생각하면 운명이었어요. 내가 답답할 적에는 아무데 있는 아무 대학이나 지원하려고 했어요. 그래 버스를 타고 거의 다 갔다 말이죠. 그래서 빙 돌아서 의과대학에 차가 멈추었어요.

자꾸 가다가 차가 멈췄어요. 가고 싶으면 가라고 하였는데, 보니까 바로 의대 앞에 섰지요. 서류를 끌어안고서 자꾸 걸었지요. 그래서 여기 있는 의과대학교에서 졸업하게 되었지요. 부인이 계속해서 일하고 자급자족으로 학교를 졸업하게 되었어요.

▌아버지의 과거

옛날 타쉬켄트에서 살았는데, 어렸을 때 부모님은 아주 부자였어요.

소도 많고 농사도 많이 짓고, 부모님들은 북조선에서 두만강 건너가서 녹둔두 크라스메 농장으로 갔어요. 조선 사람들은 조선말로 녹둔도라고 하더라고요. 우리 아버지는 그 농장에서 일을 하였어요. 그래 우리 아버지가 돈을 벌어서 돈이 넉넉해져 자기 힘으로 밭을 갈아 농사를 지었어요. 그래 돈을 많이 벌어가지고 재산도 있고 그랬지요.

우리 아버지는 해삼위에서 아니 살고, 계속 크라스메 농장이란 촌에서 살았어요. 북조선에서 온 사람들 밑천을 대주면서 같이 일했어요. 그래서 그 사람들 일한 거를 아버지가 어떻게 잘 불려줬던지, 북조선에서 온 사람들이 다른 사람들에게 '신병길(아버지)이 찾아가라'고 했어요. 그래 자꾸 해마다 북조선에서 온 사람들이 콜호즈에 많이 모여들었어요.

조선에서 와 도와주는 사람이 있었대요. 도와서 다시 집에 가서 소문났대요. 그 사람하고 일하면 돈을 잘 주고 착한 사람이라고.

거기 크라스메에서 사는데 33~34년도에 잘 사는 부자라고 아버지의 재산을 뺏으려고 하는 사람이 있었어요. 러시아 사람들이 그런 게 아니라, 조선 사람들이 스스로 촌에서 '저 사람들 토호다. 저 사람들 이런 사람이다.' 이 사람들 착취해요. 이제 실제로 이곳으로 들어오기 전에 우리한테 살랑살랑 재산 빼앗았지요. 콜호즈 농장에 가만히 있으면서 재산을 다 잃어버렸어요.

그래가지고 아버지는 우리 오마니와 함께 중국으로 바로 넘어 갔지요. 중국으로 넘어가니까나 중국에 친척들이 모여 있고 우리 마다바이

(아버지의 형님) 있었어요. 그래 중국에다 투자를 하게 되었어요. 그런데 그 재산을 싹 날려 버렸어요. 중국 가서 그 땅을 사려고 약속을 했는데, 땅을 안 사고 형 집이 있는 러시아 쪽으로 다시 왔어요.

그때는 큰형이 뭔 말을 하면 따라야 하는 시대였어요. 우리 마다바이 앉아서, 우리 아버지의 형님이 앉아서 친척 붙들고 '중국으로 못 간다'고 했어요. 형님이 못 간다 하면 못 가요. 시골에 형님이 간다고 하면 가는 거지요. 그때 공자 법이, 형님 못 간다 하니깐 까닥 못 했어요. 조선쪽으로 들어갈 적에 형님 안 버리고, 그때 형님 못 간다 해서 못 갔어요.

그래서 다음에 새로운 콜호즈에 갔어요. 콜호즈에서 아무리 일을 해도 힘들었어요. 그래서 37년에 이리 들어온 거예요. 그러니까 33년도에 있던 농장에 계속 있었던 것이 아니라, 37년도 이주하기 전까지 다른 농장에 옮겨가 있었어요. 다른 데 콜호즈인 코코스엠이라 들어갔어요. 거기 갔다가 살랑살랑 중국으로 넘어갔어요. 중국에 갔다가 그 다음에 러시아 땅에 있으니까 겁이 났지요. 30년대 초반에 먹을 것이 많이 없는 시대여서 식료가 없고 무지 바빴(어려웠)지요.

▌이주 후의 생활

그래 37년에 이주했어요. 어머니랑 아버지랑, 아버지 첫 부인에서 낳은 형제들과 같이 우즈벡에 왔어요. 우즈벡에서 생활하다가 1946년에 아버지는 세 번째 부인을 만나신 것이지요. 우즈벡에서 어머니가 돌아가서서 그때 집에서 떨어져 나왔어요.

러시아에 계실 때는 형님들이랑 거의 같이 안 살았어요. 몇 달간 있다가 떠날 적에 어디로 떠났는데, 양어머니도 있었어요. 근데 37년에 우즈벡에 이주하였을 때 여섯 일곱 살 때니까 아버지가 교육을 하셨어요. 그래 아버지한테 들었던 옛말 중에 생각나는 것이 무엇이 있느냐면, '거짓말 하지 말라. 남에게 주려면 좋은 것을 주고 못 쓸 것은 주지 말고, 도둑질 하지 말고, 속이지 말라' 하는 것 등이 있어요. 만약에 사람이 거짓말을 많이 하면 높은 사람이면 신용을 안 주고 잘라 버린다고 하였어요.

▌약국에서 생활

그때 약국에서 약하고 검열할 때, 어떤 약이 있으면 짐승들에게 쓰는 약이나 사람에게 쓰는 약을 같이 내보냈어요. 짐승들에게 조제하는 약이지요. 짐승들에게 놓고 사람들에게 먹지 말라는 그런 약이 있어요. 이 사람이 일을 할 때 그 약을 먹으면 건강이 안 좋을 수가 있어요. 그런 약 갖다가 우리 구역에다 팔았어요. 그런 약을 어린애들한테 주고 그랬어요. 그래 그거 약도 많았어요. 내 책임을 떠나 그렇게 하다하다 못해요. 30명, 40명 우리 내무실에 와서 막 소리치며 그러다가, 그것도 퍼 먹어야 나았어요.

▌사마르칸트에서 타쉬켄트로

사마르칸트에선 물이 그렇게 귀했어요. 우리 간 데도 콜호즈 바빠 닛이란 조합농장이라 그랬어요. 거기 우리 외사촌들이 살았어요.

사마르칸트에 있을 때 도랑을 파가지고 그렇게 우물처럼 만들어 놓아요. 그런데 물이 동삼이고 여름이고 계속 들어와요. 여름엔 그래도 조금 내려오고 그랬어요. 물이 주르륵 내려온 적에도 양동이에 다 들어와요. 물 먹자고 들어보니까 새빨간 벌거지가 생겨 있어요. 우리 물은 먹어야 되겠는데, 저 벌거지 물을 짜 먹다간 인제 살지 못해요. 우리 아버지가 의사란 사람 맞아요.

그리고 그땐 마음대로 못 다녔어요. 우리가 사마르칸트로 왔으니까 타쉬켄트로 도망하려고 하였어요. 우리 아버지 옴팡 튼튼하고 일 잘해요. 그래 거기서 바로 오겠는데, 그 날이 거시기 뭐 하니 일을 잘 해서 상을 줬어요. 그래 회의에 불러 놓고서, "저 병칠(병길)이 일 잘하니까 상금 준다."라고 했죠. 그래 딱 상금을 지도자 망치장(서명) 다 해서 놓았지요. 그래 집에선 김이 풀풀 나게 그렇게 만들어 놓고, 우리 아지마이(맏형님) 부인을 데려와서 있게 하였지요.

사랑방을 빠져나와 정거장에 가만히 돌았어요. 조선 사람들은 우즈베키스탄에서 카자흐스탄을 그때 못 댕기고, 조합이 다른 구역으로도 못 가게 하고, 사람도 못 가게 했어요. 이런 때인디, 그 다음 죙일(종일) 가니까, 병길이 상금을 주겠는디 없더라구요. 병길이 쇠란(소 외양간)이나 매일을 오니께 맥이 없어요. 문도 아무리 두드려도 안 열어

주더라고요. 우리 시방 도망해서 오자고 했는디,

그래 그때 타쉬켄트로 도망쳐 온 거예요. 타쉬켄트로 도망해서 어디 매로 왔는가 하면 시온고 콜호즈 있지요. 그곳으로 도망쳤어요. 39년도 그때 인제 오니까, 정말 좋은 이파리가 가득했어요. 외쪽 형제 누이가 먼저 빠져서 나오고, 아버지 내외가 따라 나왔어요.

그 해가 농사가 잘 되었어요. 아버지는 일을 잘 하느니 아그마스타라는 의원에 오니까, 일자리 뭐 얻어 봤어요. 우리 아버지를 아주바이가 좋게 봤어요. 그렇게 두루두루 물어봤어요. 우리 이곳으로 온 줄 알고. 우리 집부터 찾아 집으로 오니까 벽돌집 다대가 있었어요. 그래 우리 아버지를 행님이라 하지. 어느 동네 가서 내 의사라고 고치라고 했다 하겠어요. 그때 한의원에서도 못 고치지, 병원에서도 못 고치지. 어떤 집은 인기체 안 나게 다 고쳤어요.

아버지 친구가 의사였어요. 그 의사는 침도 놓고 약도 쓰는 고려인으로 서양 의사가 아니고 한국 같은 침술로 병을 낫게 했어요. 한 10년 동안 넘게 있었어요. 맥도 잘 보고요.

제5장

고려인이 전하는 영웅들

고려인이 전하는 영웅들

『사진으로 본 러시아 한인의 항일 독립운동』(한인 러시아 이주 140주년 기념으로 발간) 자료집에는 안중근을 비롯해서 계봉우, 장도빈, 김백추(김규면), 김경천, 이범진, 이동녕, 이동휘, 이상설, 신채호, 홍범도, 최계립(최봉설), 최재형, 안희제, 김 아파나시 아르세니에비치, 김만겸, 김 미하일 미하일로비치, 김승빈, 김 스탄케비치 알렉산드라 페트로브나, 이인섭, 박진순, 황운정, 황하일, 최성학 등의 인물들이 소개되어 있다. 이런 독립 운동가들은 당시 러시아 한인들에게 영웅으로 인식되었다. 이들 대부분은 러시아의 연해주 일대에서 활동한 인물들이지만, 일부는 중앙아시아로 강제 이주를 당해서 살다가 간난과 질병으로 고생하다가 죽은 사람들도 있다.

우즈베키스탄에 이주하여 고려인들과 어려움을 함께한 영웅적인 인물로는 김병화가 있고, 벼 품종을 개발하여 고려인들의 벼농사를 지도한 박경조가 유명한 인물로 전해지고 있다. 그리고 우즈베키스탄 고려인들에게 항일독립운동 인물로 기억되어 구전되고 있는 인물로는 홍범도, 김 스탄케비치 알렉산드라이고, 그리고 안중근 3인의 일화가 구전되고 있을 뿐이고, 이동휘를 비롯한 최제헌, 한 이안 겔, 안연학, 황만금, 박 안드레이, 민 알렉산드르 등은 이름만 기억하고 있을 뿐이다.

고려인들은 조선의 역사적인 인물들에 대해서도 기억하고 있는 인물들이 있지만, 그 이름과 행적에 대해서 잘못 알고 있는 경우도 많았다. 이제 우즈베키스탄 고려인들의 기억 속에 남아서 구전되고 있거나, 그림으로 전하는 인물 중에서는 자료가 남아 있는 인물들을 소개하도록 한다.

1. 고려인과 생사고락을 함께한 김병화[19]

1) 생애와 업적

김병화는 적어도 우즈베키스탄 고려인들에게는 전설적인 인물로 추앙되고 있으며 그를 모르는 고려인은 거의 없다. 제보자 김 니콜라이 벤허노비치의 말에 의하면, 김병화는 1905년에 8월 5일에 함경도 길주 혹은 경흥 근처의 대평재라는 마을에서 태어났다고 했다. 일제강점기에 일본군의 탄압으로 조선에서 삶이 구차하여 1915년 혹은 1914

---

19) 앞 장 '김병화 농장'에서 언급된 내용 일부가 여기 생애담에서 중복 기술된 부분이 있음.

년경에 5형제(4형제?)가 접시물(졸졸 흐르는 강물이라 그렇게 불렀다고 함.) 두만강을 건너 연해주(원동)로 이주했다. 그리고 1927년에는 소련 군에 입대하여 투르기스탄(카자흐스탄 도시명)에서 군대생활을 하면서 일을 아주 잘 하였는데, 1939년에 아무런 잘못도 없이 잡혀가 감옥에 서 6개월을 살았다.

김병화 박물관을 관리하는 태 에밀리아의 설명에 의하면, 다음과 같다.

노동영웅 김병화

김병화 박물관 앞의 흉상

지금 우리 병화 선생님이 북조선에서 태어났어요. 이자 북조선에다 모시고서는 언젠가 시방 우리 농장 안에다 이 밭에다 땅에 심었는데, 지금 이 동상은 요즘에, 2005년 여기로 옮겨 왔어요. 그때 2005년 탄신 100년을 이 앞에서 맞이하였지요. 그래 저기서 옮겨온 게 이제 갔던 그 건물, 큰 건물이 있지요? 그게 100년이 되었지요. 김병화 선생은 1974년에 돌아가셨어요. 예순아홉을 넘기지 못하고 돌아가셨어요. 그러니까 2005년이 100주년 생일이 되지요. 그러니까 1905년생이요. 우리 아버지도 살아계셨다면 1905년생이라 같지요. 그 때에 이것 동상도 저기서 옮겨왔어요.

김병화는 강제로 군에서 전역된 뒤에 우즈베키스탄 치르치크로 와서 타쉬켄트 주 노바야 지진이라는 '새 삶 농장'의 건축기술자로 근무하였다. 이때는 강제 이주한 뒤로 집 건축이 한창이었을 때이니 돈을 잘 벌었다고 했다. 그는 당시 당원이었는데 그곳에서 일하던 중에 구역담당자인 당책인 박 알렉산드라 표드리치를 대신해서 올라르라야 지베스라는 '극성(북극성)농장'에 책임자로 부임하게 되었다. 그는 깔 밭을 일구어 농사를 지으려고 골을 쳐서 물길을 내니 물이 빠져서 거기에다 벼를 심었다.

김병화 마을의 노인회장인 이 펠릭스(61, 남)가 전하는 말에 의하면,

본래 극성농장은 러시아 연해주 하바로프스크 아랫녘에 있는 우수리스크(현재 이곳에는 중앙아시아에서 다시 귀환한 고려인과 사할린에서 이주한 고려인 등을 합해서 약 2만 명이 거주하고 있고, 그곳 사범대학에는 한국어과가 있음.)에서 30km 더 가는 곳에 있었다고 했다. 극성농장이 거기 있을 적에도 고려인들이 잘 살지 못했다고 했다. 필자와 이야기를 나누고 있는 제보자들은 1937년 중앙아시아로 강제 이주할 때에 대부분 아주 어린아이였다.

김병화는 그 농장에서 우선 돈이 되는 새로운 농사 관련 사업들을 다른 콜호즈보다 앞서 추진하였다. 그래서 처음 벼농사로 시작했지만 차츰 목화농사와 삼농사로 바꾸었으므로 농장은 질적 양적으로 팽창하였다. 자체적인 발전 시설을 갖추어 전기를 사용하였고, 새로운 기계를 발명하여 농업에 이용하여 사람들에게 편의와 부를 제공하였다.

2) 성격과 능력

신 아니톨리 페트로비치 등의 말에 의하면 김병화는 성격이 친절하고 자상했다고 한다. 그가 들려준 예화는 정부에서 하는 회의에 참석하려고 차를 타고 지나가다가도 주민들이 길에 서 있으면 돌아와 차를 세우고 태워주었다. 그리고 내릴 때도 "내가 용서를 빈다. 내게 시간만 좀 있었으면 그 거기 목적지까지 거기다 실어다 주겠는데, 내 시간이 없어서 용서를 하소서."라고 했다고 한다. 그는 누구에게나 그렇게 친절하게 대했다는 것이다.

또, "그는 언제 어디가도 이야기할 때 목소리도 아니 높이고, 고저 살랑살랑 애기하면, 그렇게 애기하면 그 사람 말이라면 다 들었지. 점잖은 사람이니까, 그 사람 말 다 들어."라고 했다. 제보자 김 니콜라이 벤허노비치가 당시에 경제 일꾼으로 사무실에 일을 하고 있을 때 검열을 나온 사람이 있는데, 자신이 잘 알지 못하여 묻는 말에만 대답하고 서 있었다. 그때 밖에서 들어온 김병화가 그 사람을 반갑게 맞으며 방으로 들어갔다. 뒤에 김병화는 자기에게 어떤 사람이든지 먼저 손을 잡고 반갑게 맞이하면서 인사하도록 시켰다. 즉 "어떻게 왔는가? 무슨 일로 왔는가?" 하고 자세하게 묻도록 하였다고 했다.

　앞의 제보자는 이런 김병화를 자주 목격했다고 했는데 상의할 일이 있으면, "이래 앉아 갖고, 그저 보통 사람처럼, 우리 시방처럼 앉아서 애기하는 것처럼, 이래 애기 했지. 내 정부 일하고선 이런 태도가 아니 나고, 보통 사람처럼 앉아서 애기하고."라고 했다. 이것은 주민들과 상의할 일이 있을 적에는 자리 배치를 편하게 하고 앉아서 이야기했다는 것이다. 그리고 김병화가 비록 고려인이었지만, 정부나 당에서 무시하지 못하는 사람이었다고 했다.

　예를 들어서 정부에서 어떤 회의가 있어서 참석하면, 그 회의에서 어떤 결정이 나도 회의 참석한 사람보다 위에 있는 사람이 최종 결정을 하고 김병화에게 허락을 한다. 그런데 그 최종 결정권자가 김병화가 있었다는 것을 듣고 허락을 했다는 것이다. 이 정도로 김병화는 일을 처리하는 능력이 뛰어났다고 했는데 농장의 회장으로 있으면서도 경영에서 뛰어난 능력을 보여 주었다고 했다.

김병화 마을에 사는 이재환(85, 남)에 의하면, 김병화가 처음 이곳에 와서 깔 밭을 베어내고 벼농사를 짓기 위해서 농사법을 가르치느라고 고생을 많이 했다고 했다. 볍씨를 구하는 일부터 씨를 뿌리는 일 등 모든 것을 김병화가 가르쳤다고 했다. 처음 깔을 베어내는데, 모두가 어렵게 사는 시절인데다가 국가에서는 기계도 주지 않아서 주민들이 모두 낫으로 깔을 베어냈다고 했다. 그래도 이때 우즈베키스탄 사람들이 많이 도와주어서 그 일을 해낼 수 있었다고 했다.

처음 이곳에 왔을 적에 국가가 고려인들에게 집을 마련해 주었어야 하는데 그렇지 못했다. 그래서 스스로 집을 지어야 했는데 콘크리트도 없으니 핏짜(흙벽돌)를 만들어서 집을 지었다. 심지어는 사람이 죽으면 묻을 곳이 없어서 깔 밭에 물이 고여 있는데다가 묘를 썼다고 했다. 그러다가 차츰 안정이 되자, 물을 빼고 벽돌을 쌓아서 묘지를 만들었다고 했다. 그런데 김 니콜라이 벤허노비치 말에 의하면, 김병화에게는 국가에서 집을 주었다고 했다. 김병화 집이 아주 작은데 아직도 그 집이 남아있다고 했다. 고려인들이 처음 이곳 농장에 와서는 이렇게 어렵게 적응하면서도 모든 것을 이 농장에다가 희망을 걸었다고 했다.

김병화 농장에서는 벼도 심고, 목화도 심었지만, 목화를 더 많이 심었다고 했다. 그런데 "김병화 영웅이 농장에 와서 무슨 일을 어떻게 하였기에 김병화 농장이라고 했느냐?"라고 필자가 물었더니, 통역자가 설명하기를, "그분이 여기 오실 때, 그때 물이 많았습니다. 깔을 베고 물을 다 빼고, 그 밭에 먼저 벼를 심고, 그리고 목화를 심었습니다. 그리고 이 농장 이름을 김병화 농장으로 한 것은 아마 정부에서 그렇게 하라고 해서 그랬을 겁니다."라고 옆에서 보충설명을 해 주었다.

농장이 차츰 정리되어 가자, 김병화는 농장에 목화 심기를 서둘렀다. 우즈베키스탄은 목화를 생산하는 나라로서 소련에서 제일 큰 생산국이 된 것도 이때 목화 재배를 서두른 김병화의 공을 무시할 수 없었다고 했다. 당시에 목화를 꼭 재배해야겠는데 심어 먹을 땅조차 없는 지경이었다. 목화 심을 땅을 옆 구역에 가서 이야기를 하니, 농사를 도저히 지을 수 없는 황무지 같은 지역 도이체빠라는 곳을 주었다. 그곳은 저들의 농장 곁에 있었지만 쓰지 못하고 버려둔 땅이었다. 고려인들은 그런 땅을 얻어 골을 내서 첫해에 목화를 10ha 정도 심었다고 했다. 제보자의 말을 통역자의 말로 옮기면 다음과 같다.

"이 마을이 작아서 죽을 수도 있었대요, 그래서 여기 마을회장(김병화)이 벼만 심는다면 마을을 거두지도 못하고, 돈도 없고, 그래서 거둬야 되니까, 마을에서 15㎞ 떨어진 땅을, 황무지 땅을 찾아서 거기다가 목화를 심겠다고 정부에 가서 허락을 받았대요. 그래서 처음엔 적게 하다가, 300ha까지 늘렸대요, 땅을. 그래서 이 마을이 커지고, 돈도 많이 벌고."

첫해에 목화를 심어서 잘 되니까 그 다음해에는 40ha를 심었다. 그래 마지막에는 300ha까지 목화 농지를 넓혔다. 그뿐만 아니라 산에 들어갔는데, 거기에는 물이 없었지만 그것을 받아서 약 400ha 땅을 더 가졌다고 했다. 거기에다가는 절반은 밀을 심고, 절반은 보리를 심었다. 그래서 거의 1천ha까지 농장을 일구었다. 제보자는 "김병화가 잘 궁리한 것이 바로 목화 심은 것이고, 그 다음은 삼을 심은 게 잘한 것이다. 그 다음에는 양을 쳤는데 그 밀짚을 양 먹이로 주었고, 말도 키웠다."라고 했다.

극성농장은 그야말로 확장일로에 있있다. 김병화가 목화 재배를 시도했던 덕에 이 농장은 잘 되었다. 만약 벼만을 고집했다면 자급양식만 하고 말았을 것이다. 그런데 다행스럽게도 김병화 농장에서는 목화 재배에 눈을 돌렸기 때문에 번창하게 되었고, 우즈베키스탄 사람들이 관리하던 농장들이 하나둘씩 김병화 농장에 합해졌다고 했다. 제보자는,

"어찌 그런고 하니, 이 베(벼)는 국가에서 그렇게 재배하라고 해서 했지만, 근본이 목화이지. 목화는 이제 금으로 치는 게지. 그래서 인제 우리 목화 아니 짓고 베만 계속했어도 이 땅 곁에 있던 농장으로 들어가서 우리 농장 이름 잊어졌을 껴. -중략- 그제 막 그런 게 우리는 베만 그냥 심고 있었다면 이게 읎었지. 그래 이제 벌써 50년도 저기 지방농장이, 구차한 농장이 우리들에게 들어왔어. 그 다음 52년에는 저 짝이 또 큰 농장들이 양쥐또르무시, 구이치르치크 농장이 또 들어왔고. 지금 인제 새 농장 우즈베크 농장이 우리 조합에 들어왔어. 그러나 일부는 우리가 그냥 돌봐주는, 구소련 이름 가지고 그랬다 말이

여. 그래 우리의 목화는 이제 자기께 없어지니까 저쪽으로 나가서 몇 백㎞를 나가서 우리 목화밭이 있었어."라고 술회했다.

김병화는 이처럼 목화를 심어서 농장을 확장한 공로도 있었지만, 농장에 필요한 전기를 공급하기 위해서 조합의 수도와 전기 발전소를 만들었다. 처음 이곳에 들어왔을 적에는 전기와 수도가 없었고, 국가 전기도 60년대에 들어왔는데 김병화가 '따냐'라는 곳에 가서 일을 하다가 발전소를 보고, 농장에 수력발전소를 만들 기획을 한 것이 43년 도였다. 그래서 전문가들을 만나서 "우리 그런 게 있는데, 여기다가 우리 수력발전소 놓으면 어떻겠는가? 물이 내려가는 곳에다가 전기발 전소를 놓으면 얼마하면 놓겠는가?" 하고 물었다. 그 전문가들이 와서 측량해 보고서 "놓을 만하다. 그렇게 큰 것은 아니지만, 그래 당신네 그것 가지고 제법 전기를 쓸 만하다."라고 했다.

43년에서 44년도에 걸쳐서 발전소를 지었는데 이를 위해서 사람들 은 낮에 밭에 가서 일하고, 저녁에 나와서 쪽지게에다가 흙을 퍼 담아 지고 와서 물이 높은 데서 떨어질 수 있도록 부었다. 그렇게 해서 처 음 생산된 전기는 50kw이었다. 그 당시로는 이 전력량이면 적은 것이 아니었다. 이 전기를 가지고 주로 기계를 돌리는 데 사용하였다고 하 니 주로 공장용 전기로 사용했던 모양이다.

마을에서는 이 전기를 이용하여 정미소를 건설하였다. 전에는 벼를 절구에 찧어서 쌀을 얻어서 밥을 지었는데, 정미소가 있어서 이런 일이 수월해졌다. 다른 곳에는 정미소가 없고 이곳에만 정미소가 있었는데 도정 과정에 나오는 쌀겨를 가지고 소를 먹이기도 했다. 조사자가, "김병화 영웅은 목화씨를 앗는 기계를 발명했다고 하던데…"라고, 박물관에서 들은 이야기를 물었더니, 제보자는, "스스로 만든 것이 아니고, 대학에서 일한 사람들이 만든 것이고, 김병화는 그 기계를 사용해서 목화 생산량을 높였다."라고 했다. 이처럼 김병화는 자신이 배운 대로 고려인들에게 옳게 지도를 해서 수확을 많이 올렸다.

김병화는 문제가 생기면 궁리를 잘해서 문제를 기어이 해결하는 사람이라고 했다. 예를 들어서 목화 따는 기계가 있는데 배터리가 없으니 사용할 수가 없게 되었을 때에 당시 러시아에서 전쟁용 자동차가 폐차된 것을 보고 못 쓰는 타이어와 배터리를 국가로부터 얻어와 목화 따는 기계를 돌릴 수 있었다고 했다. 당시에 목화 채취는 기계로 딴 뒤에 다시 사람 손으로 땄다.

농장의 수입을 위해서 김병화는 삼을 심는 것을 독려했다. 이를 제보한 제보자는 옛날에는 문서를 보관하는 '이터부'라는 곳이 있어서 문서가 다 있었는데, 지금은 사라지고 없어서 사실을 확인할 수 없고, 대신 기억에 의존한다면서 이 이야기를 들려주었다.

67년에, 무슨 문제가 있었는가 하니, 김병화가 하루는

"니 다른 조합, 다른 농장들 가보라."

라고 했다. 이것이 무슨 일이냐 하면. '삼' 있지. 삼을 심는 조합들이 있었어. 삼이 뭐냐 하면, 옷을 해 입거나 고깃배 매는 줄, 밧줄 있

잖아. 그게 값이 나가는데 다른 농장에서는 그것을 심었던 모양이라. 그래, 아주바이(김병화)가 그래지요.

"인제 그것 가 봐라. 그게 값이 어떠한가? 지금 우리가 짓는 목화보다 낫겠는가, 못하겠는가?"라고 했다. 그건데 그것을 해결해 보라고. 닐스니 치르치크라는 데가 있는데, 치르치크라 하면 그게 강이오. 강 이름이 치르치크요. 그냥 도처에 생겼거든. 그래 강이 그렇지. 위에 강이 있고, 그 다음에 중간에, 그 다음에 아래. 그래 위에부터서 쭉 그 농장을 쫙 가봤지. 그래 거기 가 나 같은 그 경제일꾼 같은 사람에게,

"내 아무 디서 왔다."

하고 인사했지.

"내 그래 이런 요구로도 경제가 안 편한데, 당신네들에 알아보려고 왔다."

라고 하니까, 그래, 그 사람들이 날 무시하지. 그래, 그런 요구된 것을 가지고, 또 다른 데도 가 봤지. 그래 삼에 대해서 다 알고 그 다음에는 그걸 짜 보았지. 그러니께 그게 목화보다 이익이 많다 말이여. 한 30% 그게 더 나와. 돈이 더 나온다 말이여. 그래 인자 그것 다 얘기를 했지. "이러니까다 돈이 더 나온다."라고 말이지.

그래서 우리도 그것을 68년도부터 심기 시작했지만, 처음에는 씨를 구할 수가 없었다. 마침 무지막 콜호즈라는 국영농장인데 거기 사람들이 미쳐 그것을 두드리지 못했다. 그들이,

"씨를 못 주겠다. 당신네 그것 두드려 가져가면 주겠다. 당신네 주

자고 하면 우리네 조합의 일도 해야 된다."

라고 해서, 그래 겨우 두드려서 씨를 싸 왔다. 그래, 68년도부터 우리도 심었어. 그것 그 다음에는 저짝 농장에도 심고. '씨벌마이나'는 조선족의 조합인데 그 사람들도 69년도에 심었다. 김병화는 이처럼 작물을 벼에서 목화로, 그리고 삼으로 옮겨가면서 심어 농장의 수입을 올렸다.

3) 김병화에 대한 일화들

김병화 일화는 여러 사람들이 들려주었다. 그 중에서 몇 개의 일화만 여기에 소개한다.

▌자신의 회갑 날에 길 포장과 가스 해결

김병화를 보면 그저 보통 사람이 아니다. 자기가 궁리를 해서 새 자전거를 만든 사실도 있다. 그리고 도로가 엉망이었는데 그것을 잘 고르려고 고민했던 사람이다. 그가 환갑잔치를 할 적에 여러 구역에서 그의 환갑을 축하하러 많이 왔다. 손님들은 대개 그저 먹고 놀고서는 그냥 돌아갔다. 그때 그는 친구 세 사람을 붙들고서,

"당신들은 못 간다고. 확 떨어져라."

라고 했다. 그리고서 손님들이 다 간 뒤에 그들에게

"당신이 이리로 올 적에 길이 어떠하던가?"

"아, 길이 어떻다니? 아스팔트라."

"아, 그래. 아스팔트로 이리 들어온 길이 어떠하던가?"

그때는 인자 아스팔트가 없었어. 그래 이제는 거기가 흙길이지, 아스팔트 아니고 흙길이란 말이지. 그래, 가만히 생각하면서 친구가,

"아하, 내 알았다고. 알아들었다."

라고 하였다. 그 사람은 아스팔트를 가지고 일하는 사람이었다. 김병화가,

"이것 말하지 아니해도 알아들으니 좋다."

라고 했다. 그때 옆에 있던 대장을 지낸 사람이,

"아스팔트를 까는 데 무엇이 요구되는가?"

하고 물었다. 김병화는,

"그래 아스팔트 까는 자동차가 요구가 된다. 우리 회원들이 이렇게 사니까 자동차가 요구 된다."

라고 했다. 그 사람이,

"그럼, 된다. 석 달에 한 번씩 오는 자동차 모두 내주겠다."

라고 했다. 그때 러시아 산 시벨 자동차를 타고 다녔는데 개인 돈으로 사려고 했으면 살 수 없었던 시절이었다.

또 세 번째 사람 그는 가스를 대주는 일을 하니까, 마을에 가스 설비를 금방 할 수 있는 사람이었다. 그가,

"내 알아 들었다."

라고 했다. 김병화는 그에게,

"이곳은 촌이니까 농장에서 시방 나무를 땐다."

라고 했다. 그 사람이

"여기는 거리가 있으니까 설치하려면 시간이 오래 걸린다. 이 건물 다 만들어 놓으면, 바로 들어가려고 했다."

라고 했다. 그래서 미닝 콜호즈, 그 다음 세릴마이어 콜호즈, 김병화 콜호즈 등에 가스 설비가 설치되었다. 그때 오늘은 동무의 환갑날이니 다른 날에 하자고 했다. 김병화는 이거 바쁘다고 하면서 바로 오늘부터 시작하자고 했다.

▮ 이웃집 장재(대문)까지 만들어 준 김병화

김병화 집이 대문도 없이 허름한 것을 본 주민들이 의논을 해서 그가 휴가를 간 사이에 대문을 새로 만들어 주었다. 그가 휴가에서 돌아와 보니 집 대문이 만들어져 있는 것을 보고, 어떤 사람에게,

"니가 저랬나?"

라고 물어었다.

"선생님, 이래, 우리가 장재를 제대로 만들었다고. 아, 당신의 허가 없이."

이렇게 말하니,

"엄매(얼마) 돈이 들었나?"

하고 또 물어,

"이것 돈 엄매 들어서 재료 다 샀다."

라고 했다.

"그런데 내 집 장재 만들면서 저짝 집은 아니 만들었나?"

하고 물었다. 그 옆에 사는 사람은 위구르 족이 살았는데 흙집으로 그냥 옆에 붙어 있는 집이었다. 그래서 그 사람들이 그것 아니 만든 것은,

"우리 이것 돈이 읎다."

고 했다.

"아이 돈 재지(따지지) 말라요."

하면서 김병화가 돈을 대서 그 집 대문을 만들어 주었다고 했다.

▌농장에서 지어주는 집을 거절한 김병화

다른 사람들은 모두 집이 있었는데 김병화는 집이 없어서 관사에서 생활했다. 그는 자신에 대해서 좀 인색했다. 사람들이 모여서 김병화가 집이 없는 것을 두고 의논했다.

"그저, 김병화 40여 년 이 조합에서, 이 농장에서 일 하는디, 그 사람의 그 집을 보라고, 그런 집은 온 사람들 다 있다고. 어떻게, 우리 이거 조합에서, 농장에서 집을 하나 지어서 못 주겠느냐?"

라고 하니까, 모두 다 그랬어.

"좋다."

라고 해서 그 사람들이 그래 그 김병화한테로 갔지.

"그래 선생님! 우리들이, 우리 토의를 해서 자그마한 집을 지어 놨다."

라고 했다. 그래 아주바이(김병화)가 그레지.

"콘티스탄 아니세이비치. 그 문제에 대해서는 지금 대답 아니 주고. 내일 아침에 대답해 주셌나."

그래 집에 가서 자고, 아침 일찍이 콘티스탄 아니세이비치 나오기 전에 김병화가 나와서 콘티스탄을 기다리고 있었지. 그래 콘티스탄 얼마 있다가 와서 앉으니까,

"납두라(그만두라)."

하더라고. 그러면서 이렇게 말하더라구.

"콘티스탄 아니세이비치. 당신이 엊저녁에 바쁜 문제를 주어서 밤에 내 잠 못 잤다. 그래, 요거 아니 되오."

그런단 말이여. 그러면서,

"저 내 집은 일 없다. 젊은 아들이 그땐 서방(혼인)도 아니 가고, 타쉬켄트에 집이 있어. 다들 직장도 가지고 있고."

라고 말했다.

▎'일은 아침 일찍 가서 해라.'

김병화는 마을의 젊은이들을 만나면 충고하기를 마지않았다고 했

다. 한 예로 무슨 일이든지, 어디에 가서든지 일은 아침 일찍 가서 처리하라고 타일렀다. 그리하여,

"어디 가든 그래. 너네 어디 일 가자면, 가서 일 보자면, 아침 일찍 가라."

라고 했다. 왜 그러는가 하면, 일 보러 가는 사람이 늦게 가서 무엇을 요구하면, '없다. 모자란다.'라고 하거나, 어떤 이는 어제 해준다고 말하고도 '실행 못했다.' 이런다는 것이다. 지도자가 한번 지나가고 나면, 다시 나오지 않으니까 될 일도 안 된다는 생각이다.

▌비밀을 지켜야 한다

내 재밌는 얘기하자면 많소. 그전의 그게 일본 말이냐. 우리 러시아 말이 아니라고. 그런 에피소드가 많소. 그저 내 이것 책 하나 썼다이. 내 그래 어떤 것, 책 생각지 못해 못 썼다 말이오. 그런데 얘기한 건 그거이지.

우리 아주바이 조캐(조카), 동생 아들이 타쉬켄트에서 어떻게 되었는가 하니, 비행기 공장에서 일했소. 비행기 공장에서 일하면서리 한 번 이제 왔단 말이지. 그래 내 일 하는데 들어왔단 말이야. 들어 와. 그래 둘이 이야기 해본께. 집에 형편을 물어봤더니,

"아, 일 없다."

라고 해. 그래서

"마다바이(큰아버지인 김병화)한데 가보자."

"그래 가자."

가니까다 아주바이 있단 말이야, 점심 먹으려고 상 차려 놓고, 술 놓고. 그래 한 잔 그래 먹으면서리. 그런데 병화의 조카가 무슨 얘기 허는고 허니, 그 비행기 기계 이야기한다 말이야. 비행기 쉬 그런게 만들고. 그 다음에 비행기 날개 있잖아. 요새는 그것 더 딴딴한 쇠로 만들고 이러면서리 내가 이야기를 하잖아. 아주바이가 그때 집에서 쉬었던 몬양이야. 그래 아주바이 나와서,

"야, 니 무슨 일인지 말하라."

"아주바이 그냥."

"니 일하는 공장이 무슨 기냐?"

그게 무슨 말이냐면. 그것 84공장. 그것 비행기 공장이라고 아니하고 그냥 84공장이라고 했어. 왜냐하믄 그게 비밀공장이지. 이게 저 비행장, 소련에서 군수공장. 그것 모르게 하는데. 가을에 우리 목화철이기 때문에 사람 심이 모자라지요. 그래 아주바이 그 비행기 공참(공장) 그 큰 지게들 있지 않아요. 공장 지도자, 그 지도자한테 갔지.

"당신네, 내 무슨가 하니 사람들 좀 있으면 우리 좀 원조해 달라고. 그리고 사람, 사람 한 500명 이 목화를 따는데 좀 달라."

고. 그래 그 지렛, 에 지도자 그래지.

"김병화 당신 지금 이렇게 왔을 적에, 비행장 왔을 때에, 비행기 공장을 왔을 때에 내 같이 비행기 만든 거 보자."

그러니 아주바이,

"내 봤으면 좋겠다고. 그러나 내 시간이 읎다고. 어느 때 내 시간이 있으면 내 보겠다."

내 그 아주바이 그런다고.

"내 그 지렛돌 있잖아. 지렛돌. 지도자 보자 하는 것도 내 아니 봤다고. 어째 아니 봤는가. 내 그걸 모르미 거기 들어갔는데, 무심코 얘기 하겠는가."

거기 들어가다가 가드니 제막 세이크 있지요. 세이크, 제막 그 [통역: 농장 있잖아요. 이게 하급 농장 시사보고 있거든요. 열흘씩 이런 구역마다.] 그렇지.

그런데 그걸 갈 때마다 거기서 표를 줘. 누가 와서 다시 봤다는 것. 누가 봤다는 거. 그래 그 아주바이 두 번 물직에 가서는, 그래이 그것 볼 때 댕기는데, 그거 인제 오는디, 김병화 올 때 몇 시, 어느 시에 있대다가, 시간은 언제까지 왔다갔다는 것. 이런 것 싹 등록한단 말이야. 그런데 그 물질이라는 건, 내 그것 모르매, 그런데 너는 여기 와서 이런 지지번 하는데, 그것은 그게 해독자(비밀 유출) 그거라오. 유선이라오. 니 말한 게 우리 군대에 그런 게 있어.

"말을 하면 많이 복 들어오는 게 아니라 복 돕는 그게던가."

말 많이 하는 사람 있잖어. [통역: 속담이 있는데요. 말을 많이 하는 사람이 기밀 다 일른다고.] 기밀, 무슨 게 하니 남에게다 괜찮겠지. 군대에 그런 게 있어. 그 사람이 군대에서 일하다가니 그렇게 알지. 그

런 게,

"니네 나한데 와서 그거지만은."

암 마다바이 이렇게 말하지.

"그 갸가 말하는데, 다른 사람까지 말 하겠지."(웃음)

그래, 그래 바빠서 그냥 가게 했지.

"나는 읎으면 괜찮은 데요."

가족같이 있었지.(웃음) 그런게도 다 그랬어. 그래 이런 일이 많단
말이야.

▌ 실라바를 쓴 조카를 야단하는 김병화

그 또래가 좋게 애기 잘 한단 말이야. 한번은 그 집 어떤 어머니여.
현장의 아주마이들. 저 현장 뽈다, 어느 사랑 간의, 사랑 간이 두 개
여. 사랑 간(집에 딸린 방).

그래 우리 그때 젊은 때인 게지. 그것은 이 바스리 있지. 보는데 무
슨 기 하니, 실라바에떠(러시아 모자) 거 모자. 그걸 실라바 갓(실내서
쓰는 모자. 요즘에는 안 씀.) 갓인디. 그것 젊은이들이 그것 아니 썼어.
우리는 허가가 나야니깐. 어린 적부터 우리 고려 사람은 승언받아(승
낙받아) 그것 쓰잖여.

그래, 그 아주바이 모스크바 그것 보게 됐어. 그때 아저씨 때 모스
크바에 글 읽었소, 대학에서요. 그래 그 마다바이 마중을 나가서, 나가

느라고 나가서 마중하는 디, 그 실라바를 딱 썼거든요. 그때 이것 참 이런 게 있었어. 자체 만든 게 있었어. 이런 것도 딱 해 쓰고서 마다 바이한데 나갔어. 그래 타쉬켄트 간담에 같이 가지. 그래 턱 보니까다 아주바이 거기 있다 아들 둘이 떡 나오지. 나가 대했지. 그래 뽈다(조카 이름) 서이가 나가는 거지.

"뽈다야, 니 인게 오너라. 니 갓 그것 보자."

그리고,

"내 눈에 이것 뵈오지 말라오. 미니스토리(국가 대통령 바로 밑에서 일하는 비서) 그 사람 같이 아주바이도 같이 모스크바로 갔지. 그때 큰 회의 있었어. 뽈다, 내 같이 간 그 사람 같이 큰 사람도 나이 작다고 실라바 아니 썼다. 그런데 대학 다니면서 니 이것 쓰고 대녀"

이 모자는 그때는 젊은이들이 안 쓰지. 그 후에는 썼어. 아들이나 젊은 사람들이. 그러나 그때는 젊은 사람들 그것 못 썼어. 나이 좀 많이 먹은 사람들이나 썼어.

모자 이름이 실라바라고 해. 당시에 젊은 사람들은 쓰지 않았는데 조카가 떡 쓰고서리 그 부슬기(기차) 밖을 나왔다가 김병화에게 혼이 났지.

▌ 손님을 앉혀 놓고 이야기하라

그리고 또 한 번 무슨 일이고 허니, 이래 앉아 일을 하는디, 우리 이렇게 있는데요. 한 사람이 턱 들어와서 조카인 내한데 그런다 말이여. 김병화는 러시아 사람들이 지어준 이름이 니콜라이 브라지 바실리에비치인데 그 사람들이 김병화를 부르기 바빠서 러시아 이름으로 부른단 말이야.

"에, 당신 이름 어떻니? 당신 이름은 니콜라이 바실리에비치이다."

이렇게. 러시아 사람들이 지어줬지. 그래 찾아온 사람이 물었지.

"니콜라이 바실리에비치이다."

그래, 내 그랬지.

"나는 그런 사람을 모른다고. 니콜라이 바실리에비치 그런 사람."

"에이, 당신이 어째 재기 지도자 모른가?"

내 사람을 알아 맞췄지.

"그래 어디 간 게 모르겠나."

"그래 먼 데는 아니 갔다고. 여기 있을 게라우."

기래 그 사람 서서 말하니께는 나도 서서 말하지. 얘기를 하지. 그런데 아주바이 지나가다가 떡 봤단 말이야. 그래 턱 보니까다 그래 있으니까다, 그 사람 있으라 그런다 말이여, 단판에.

"싹 가자고. 이래 말하지 말고 내한테 가자."

고. 그 사람이, 그 사람이 인자 이렇게 재기 무슨 그 칸으로 들어갔단 말이여. 그 이에 있던 손님을. 그래 손님이 거기서 한 15분 얘기를 허고서 그냥 갔지. 그런데 또 들어온단 말이야.

"나, 나오라."

그래 내 턱 나갔지.

"난, 잠깐 말 아니하오."

한참 있다가, 나도 앉아 있더니, 그 다음에 얘기해요.

"인제 내 이리 봤다마는 아느냐?"

"모르고니."

"그러니까 그 문제 아니다. 난 앉으라고 해도 상관없고, 저 손님이니까다, 근데 니 어떻게 사람 대하여야 하나. 사람을 대하는 건디, 전봇대처럼 꼿꼿 서서 그게 무슨 놈 그런 손님 대하는 그린 기 없다. 어째 사람이 앉으라 못하고, 앉아도 되느냐 그렇게 얘기 못하고 되는 가오."

아니, 그런디 그 사람이 내게 불썩 들어와서 그렇게 그랬다. 러시아 관리 말 중에 '떼치카'(에티켓) 사람에게 그게 있어야 된다는 것.

"사람이 무슨 말하는 게 좋다고, 내가 얘기 허지. 무슨 사람이든지 사람이 앉혀 놓고 말하는 것과 서서 말하기가 다르다. 무슨 큰 사람이든 작은 사람이든지, 무슨 사람이든지 사람은 앉혀놓고 말을 시작해야 된다."

고. 그런 이야기를 길에서 들었지.

▌ 32년 만에 만난 동생

김병화가 동생을 만나게 된 사연은 이러하다.

우리 아주바이 일은 자신이 제일 잘 안다고 했다. 아주바이가 감옥에서 6개월 동안 있었는데, 그 아주바이 동생 또 있는데 10년 동안 감옥에 있었어. 아주바이 동생은 모스크바에서 기관사 노릇을 하다가 감옥에 들어갔어. 그래 10년 만에 나오니까나 식구들 어디 갔는지 모르지. 그 아주바이도 아들 딸 있었어. 그렇지만 모두 어디 갔는지 모르거든. 그런데 러시아 여자에게 징가를 들어서 거기시 또 오누이를 낳았어. 그래 이산 핀데르에 와 있제. 형님은 어디 가 있는지 모르지. 그래 어찌 됐는가?

52년에 무엇이냐면 김병화가 두 번째 별(영웅 훈장) 받을 적인데, 소련 잡지 『오고뇨크』 첫 장에 김병화 사진이 나왔어. 동생이 그것 보고서리, '이게 우리 형님 같다.'고 했어. 그래서 편지를 썼지. 그래 편지를 써서 아주바이 그 편지를 가지고 우리 집에 왔단 말이야.

"그래, 형님! 이런 게 나한테 편지가 왔는데, 이게 동생이 옳은지 아닌 겐지 모르겠다. 협잡꾼이 아닌지 모르겠다."

그래, 아버지에게다,

"그렇게 하지 말고 가 보라고. 모스크바에 가서 보면."

그래서 편지를 써서,

"모스크바에서 만나자."

라고 했지. 그래 모스크바로 갔어. 그래 만나니깐 참말 동생이 옳더만. 그래 30년도에 가 가지고 52년도에 가서 만났단 말이야.

그 다음에도 이 동생한테서 전화가 두 번이나 왔다. 그 뒤에 동생

사망했어.

▌ 김병화의 후손들

"영웅 김병화의 자손은 어떻게 되었습니까?"

"김병화는 두 번 장가갔어. 첫 부인에게서 딸 아들 나았어. 그리고 사망했지. 김병화가 모스크바에 다녀온 뒤에 장가를 들어서 아들 둘을 낳았어."

"그 후손들이 지금도 살아 있어요?"

"다 죽었어."

"대를 이을 자손은 없어요?"

"응. 그래 손재 한나 있어. 손재, 손재가 손녀. 마감 아들에게. 그래고 없어. 그래고 맏딸 있재. 딸이 하나 있는데, 딸이 손지, 손녀 있어."

"외손녀요?"

"응. 그건 우리 고려 사람들은 보통 게들을 얘기하지 않아."

"그럼, 친 손주만 치는 거예요?"

"그렇지. 그 모재(모자)가 치르치크에 있어."

"그 손자는 지금 몇 살이에요?"

"환갑 됐어."

"고려 말(조선말) 못해요?"

"응. 못해. 잘 못해"

"김병화 친손자는?"

"친손자 모스크바에 있어."

"치르치크에 외손자가 있는 거예요?"

"아니. 또 친손자 타쉬켄트 있어."

"타쉬켄트에도 있어요?"

"젊은 아들 게. 그 딸과 아들이 있어. 그 딸 손녀와 손자 있지, 젊은 아들에게 난. 그래 아들 다 죽었어. 아들 서이 다 죽고, 딸 죽고, 손자만 있어."

2. 볍씨를 가져온 박경조

이 이야기는 뽈리따즈 조루트밀라 식당에서 황 안드레이에게서 들은 이야기이다. 앞에서 이곳으로 이주하여 온 뒤의 생활사나 성씨에 관한 것을 말하다가 이곳에서 최초로 벼농사를 시작한 유래에 대해 듣게 되었다.

미국, 우리, 일본. 일본으로 가서 조선 사람들이 가까웁다고, 스탈린 그적이 있을 적이, 그냥 여기를 싹 데리고 왔지. 우리 저짝으로 건너갈까 봐. 일본 쪽으로 건너갈까 봐. 그럼 여기 싹 들어냈다고. 그런 정책이 있어. 그래 우리 일본과 모색(모습)이 같은 게, 그래 거기를 건너갈까 봐. 이 스탈린 전사에, 그 전에 여기를 싹 그래, 그저 죽음 죽듯이 싹 여기로 보냈어. 그래 조선 사람들이 일이 구차스럽지. 부지런하다나니 그저 그 깔을 싹 베고서리 베(벼)를 심어서 살았지.

볍씨를 가져온 박경조

그래 여기 노인네, 그전에 경조라고 하는 이가 있었어. 그 양반이 조선에서 베(벼) 이삭을 하나 가지고 와서 경조 베를 여기 와서 하나 심어서, 그 다음에 위 치르치크로 해서 이 우즈베키스탄 경조라는 게, 그 아바이 이름으로 그 경조 됐어, 그 베씨. 그분의 이름은 박경조라.

그래 그 아바이 이름으로 경조 베가 되었지. 베 한 이삭 가지고 와서 그거. 그 뒤에는 시온고 같은 다른 데서도 이 벼를 심은 거지. 여기를 쭉 들어오니까. 우리 우즈벡 재들은 쌀을 그런 베 수확을 아니 하는 거지. 그 다음에 이 고을이 저 모범농장에 데려와서, 그 씨들을 싹 바꿔가지구서리, 우리 이 마사키 그 모범농장이 있습니다. 그게 얼마나 되겠느냐 하면 한 11ha로 됐는데 서기다 이 경조 씨를 심었지.

3. 독립운동을 이끈 인물들

1) 빨치산을 이끈 민족 영웅 홍범도(洪範圖, 1869-1943)

홍범도는 빨치산을 이끌고 항일운동을 벌인 걸출한 민족의 영웅이다. 독립군이 만들어질 때 빨치산 부대 지휘관으로 참가했다. 그는 1868년에 8월 27일에 평양의 가난한 집에서 태어났다. 여덟 살 때 부모님들이 돌아가서 열다섯 살 때까지 큰 아버지 집에서 자랐다.

러시아어로 된 기록 『러시아 한인의 항일 독립운동』에 의하면, 1883년부터 1887년까지 평양에 있는 보병에서 기차 신호수로 근무했고, 1888년부터 1893년까지 환하도(황해도) 천연종이 공장에서 일했다. 1894년에 막시르(천연종이 공장 근처에 있는 농장)에서 일본 천왕의 동조자들인 고려인 3명을 죽이고, 강원도 철원으로 도망쳤다. 1894년부터 1899년까지 강원도와 함경도에서 일부러 큰 전쟁을 벌이고, 부대

인원을 1400명까지 늘렸다. 1900년부터 1903년까지 함경도 안산과 북전에서 농업을 하면서 소총 사격을 배웠다. 1904년에 일본 사람들에게 잡혀서 감옥에 갔는데 6개월 뒤에 도망쳤다. 1904년부터 1913년까지 부대원 2500명을 데리고 함경도 갑산, 댄진, 덴펜, 함흥, 홍벤, 삼수, 이벤, 단첸, 무산 도시에서 일본과 싸웠다. 일본군이 추격해서 1913년 7월에 조선에는 더 이상 있을 수 없어서 블라디보스토크로 도망가서 1919년까지 그곳에서 지냈다. 거기서 군대에 필요한 무기들을 모아서 일본하고 계속 전쟁을 하려고 했다. 1919년 9월에 블라디보스토크에서 투쟁하는 것이 금지되자, 부대원 150명을 데리고 북만주로 갔다. 그곳에서 대원을 1500명까지 늘리고, 1920년에 폰우꼽, 노트후고우, 폰미고우, 체스찬과 우지안치에서 전쟁을 했다. 1921년 1월에 예비탄약이 부족하고 일본군이 추격하자 부대원 700명을 데리고 만주에서 이만으로 갔다. 자기 이름으로 380명을 만주에 두고, 나머지 220명의 빨치산을 데리고 이르쿠츠크로 갔다. 1921년 11월에 모스크바에서 레닌과 만나고, 1922년 2월에 이르쿠츠크로 다시 갔다. 1923년에서 1927년까지 칼리닌 구역에서 농사를 짓고, 1927년에 공산당에 입당했으며, 1928년 이후에는 한카이스키 구역에서 일했다.

홍범도는 키가 크고 수염이 짙고 얼굴이 컸다. 콧수염 끝이 턱수염하고 붙어서 아주 준엄하게 보였다. 그러나 짙은 눈썹 밑에 눈은 깊숙하고 항상 조용하고 착했다. 주변에 있는 사람들이 홍범도를 냉정한 사람이라고 했지만 다른 사람의 슬픔에 동정심이 많은 사람이었다. 말을 할 때는 작은 목소리로 침착하게 말했고, 다른 사람과 잘 사귀고 쉽게 남을 믿었다.

홍범도가 살았던 곳은 산동네였다. 그래서 농업을 하려면 먼저 산에서 관목을 치워야 했다. 그러나 그 지역에 땅이 좋지 않아서 농사짓기가 아주 힘들었으므로 거기 사는 사람들은 주로 사냥을 했다. 옛날부터 사냥을 하면서 살았으므로 세금을 많이 냈다. 홍범도는 가족과 같이 풍산(함경도 분산)에 정착했을 때 거기에는 유명한 사냥전문가 합동(안산사: 조용한 등산 재단)이 있었다. 거기서 사냥 기술을 일찍이 배우고 사냥꾼들에게 인기가 있어서 사냥꾼들의 지도자가 되었으며 성실하게 일했다. 사냥꾼들의 무기가 낡고 화약 공급이 안 되었는데도 세금은 많이 내야 했었다. 홍범도는 지도자로서 사냥 세금을 줄이려고 노력했다. 그래서 국민들 중에서 존경을 받고 정부로부터는 부정적 태도를 받았지만 마침내 세금을 줄였다.

<1907년 계약서>에 따르면, 일본 제국주의자는 고려인 육군이 흩어져야 된다고 했는데 그 중에는 사냥꾼 조직도 들어있었다. 1907년에 10월에 일본 원정군들이 함경도로 가서 사냥꾼들의 탄약과 무기를 몰수하려고 했지만, 그곳에 소문이 금방 퍼졌다. 사냥꾼들이 탄약하고 무기를 감추기 시작했다. 그렇지만 많은 사람들이 체포되었다. 이 지역 사람들은 농사로는 살 수가 없고 사냥으로 살았기 때문에 그들이 협박하고 체포했지만 사람들은 무기를 내놓지 않았다. 그러니까 일본 사람들이 꾀를 써서 1907년 11월에 일본 원정군들이 풍산 쪽에 있는

파발리 마을로 갔다. 일본 육군 지휘관은 무기를 보여준 사람들에게는 그 무기를 사용할 수 있는 증명서를 주겠다고 했다. 거짓말인 줄 몰랐던 사람들은 무기를 가져왔는데 원정군이 무기를 모아 가지고 가버렸다. 그 소문이 주변에 있는 지방까지 퍼졌다.

저녁에 홍범도가 사람들을 모아서, 일본군이 사냥꾼의 무기를 가져가지 못하도록 대책을 세웠는데 당장 사수들을 모아서 논이나 농장에 잠복하여, 밤에 일본 원정군이 돌아가는 것을 지키고 있다가 지휘관과 통역자를 포로로 잡았다. 그리고 가져간 무기는 사냥꾼들에게 돌려주었다. 이 소문을 원정군 본부에서 알게 돼서, 북촌에서 후치히련 쪽으로 미치베 지휘관을 비롯해서 원정군들이 움직이기 시작했다. 1907년 11월 25일에는 홍범도의 사냥꾼들 손에 일본군이 잡혔다. 고려인 사냥꾼들하고 일본 원정군 다툼이 곧 양국 군인들의 본격적인 전쟁의 기초가 되었다. 그리고 11개월 동안(1907년 11월부터 1908년 9월) 함경도에서는 37회나 일본군하고 충돌이 있었다. 모든 전투에서 홍범도가 아니면 천두익, 송산본, 홍사연 등이 참여했다.

1910년 홍범도의 육군 상태가 나빠진 것은 일본 원정군과 계속해서 접전을 했기 때문이다. 홍범도의 군인들은 탄약과 무기가 부족해서 힘들었다. 육군의 골격을 만든 농부들은 고향에서 멀리 가기 싫어했다. 가끔 어떤 부대를 다른 구역에 보내려고 하면, 농부들은 싫어하면서 할 수 없이 가거나 아니면 도망가 버렸다. 1910년 3월에 홍범도는 튼튼한 무인들과 함께 만주에 있는 찬백 도시로 가려고 마음을 먹었다.

거기 산 속에 있는 '반게'라는 곳에 상비 기지를 만들었다. 거기서 무인들이 군사훈련을 배우고, 무기와 탄약을 만들었다. 거기서 일본군하고 전쟁을 하기도 했다. 1911년에 일본 수비대가 퀜본 도시에 있을 때 대담한 공격을 했다. 1907년부터 1911년까지 조선군은 일본 군대와 2,907번 싸웠다. 이런 싸움에 14만 3천여 명이 참가했다. 가끔 홍범도 부대는 만주지역의 고려 사람들이 많이 사는 곳에서 일본군과 싸웠다.

1913년에 홍범도는 자기 부대를 데리고 블라디보스토크로 갔다. 거기 사는 고려인들은 홍범도가 일본군하고 싸웠던 사실을 들었다. 그것은 애국자의 일에 주민들의 돈을 모으는 데 도움이었다. 그 동네에서 잘 사는 고려인들한테는 홍범도의 활동이 마음에 안 들었다. 그 사람들은 동족의 어려운 운명에 대해서 관심이 없었다. 사람들이 독립 운동자들한테 돈을 주면, 러시아 정부의 눈에 띄게 되어서 돈 주는 것을 꺼려하니까, 홍범도는 이들을 동족과 애국자들 앞에서 치욕을 주었다.

1917년 홍범도가 상트페테르부르크에서 '10월 혁명'이 난 것을 알게 되었다. 그 사실을 알고 나서 걱정이 된 것은 '10월 혁명'이 한국을 포함해서 다른 나라에서도 시작될 수 있기 때문이었다. 홍범도는 조국이 일본으로부터 해방되기 위해 전쟁에 나갈 수 있도록 빨치산 부대를 만들기 시작했다.

1918년까지 구 부대를 만들었고, 1919년 봄에 홍범도를 비롯해서 부대원 200명이 만주에 나타났다. 거기서 고려인들을 위협하던 강도

들하고 싸웠다. 한편, 한국에서는 1919년 3월 1일의 봉기가 일어났다는 정보가 수신되었다. 홍범도는 1917년에 러시아에서 생긴 사건 때문에 이 봉기가 날 것이라는 것을 분명히 알았다. 그러자 일본인들은 더욱 심각하게 억압했는데 홍범도한테는 아주 안 좋은 소식이었다. 그래도 1919년 8월에 홍범도는 부대원을 이끌고 북한으로 갔다. 1921년 3월에 일본인들이 블라디보스토크에서 철수하기 시작했다. 사건으로 이어질 수 있는 사고를 피하려고 많은 고려 빨치산 부대들을 이르쿠츠크로 보내려고 결정했다. 그 중에는 홍범도 부대도 있었다. 이르쿠츠크에서 빨치산 부대는 작은 부대로 나뉘었다.

이렇게 열심히 활동을 했던 홍범도는 1943년 10월 25일 75세의 나이로 카자흐스탄에 있는 크즐오르다에서 죽었는데, 그는 마지막에 고려극장 경비로 일을 했다. 1962년에 대한민국으로부터 훈장을 받기도 했다.

▌홍범도의 최후

시온고 마을에 사는 이봉선(76, 남)에게 홍범도가 어떤 분이었는가를 물었더니 그가 들려준 홍범도의 최후는 이러했다.

이제 홍범도 이랬지. 홍범도, 그저 재주 많지. 항상 화리(활) 잘 쏘지. 나라를 도배(도와)를 해주고 이런 사람이지. 이젠 내 얘기를 해야 되어. 그 홍길동이, 홍범도, 홍범도야 그거야 원동에서 이전에 빨치산 운동을 했지. 백파 러시아 혁명했을 적에, 혁명 거기 있댔지.

25년, 이십 그때 거 원동서로 빨치산운동을 했지. 그래 그 군사를 찾을라고. 조선의 군대를 찾을라고 그래. 그래 사업했지. 그래 이름 난 사람이여. "그 무덤이 카자흐스탄에 있다고 하던데요?"라는 질문에, 홍범도 그 사람이, 카자흐스탄에서 탄생하여 죽었을 거야.

▌홍범도의 항일투쟁기

김병화 농장 노인회관에서 만난 김 니콜라이 벤허노비치에게 이런 저런 질문을 하던 중에 연극을 하고 놀았다고 해서 '흥부 놀부'를 아느냐고 물었더니 홍범도에 관한 이야기를 들려주었다.

홍범도라고 그 일본과 싸움할 적에 일본 많이 죽였어. 그런데 그 사람이 연길이, 어려서 연길에 갔다 왔어. 그렇게 됐는데, 그래 산소 있지요. 홍범도는 보통 인물이 아니여. 어쩐 일이냐 하면, 그 사람은 일본인들 보고 자기를 죽이라고 이냥, 두만강에 있었지요. 이 사람이 그 두만강을 떡 갔는디, 어떤 물이 드니 그저 어찌 아니 됐지. 그래 거게 잎이 떨어진 낭기에 굽이 있거든. 그래 신발 하나 없이 대항을 했다. 그래, 그 일본 사람들이 오니까,

"나는 홍범도라고. 지금 두만강을 건너고 있다."

라고 했다 이거지.

▌볼에 수염이 없다는 홍범도

이것은 김 니콜라이 벤허노비치가 스스로 이어서 구술해 준 이야기이다.

홍범도 사진이 여기 있고 그래. 홍범도가 여기 왔다 갔소. [조사자: 김좌진 장군하고. 봉오동 전투 때, 김좌진이 중앙에 있었고, 좌우에 있던 장군 중에 하나가 홍범도요. 근데 아마 우리에게 안 알려진 게 이 홍범도는 프로레타리아 쪽에서 활동했기 때문이요.]

그 늘그막에 한 번 김병화한테 왔다 갔소. 홍범도가 홍진을 너무해서 볼짝에 쉬엄(수염)이 없다고. 그래 그렇다고. 쉬엄이 없다고 하고 웃었지. 실제 있었지.

여기에서 듣기에 그랬지. 홍범도 그렇게 전설을 모으면 일본들이 싸우며 그래서, 여기 총질해서 이 쉬엄이 없어졌다고. 이쪽은 있고.

홍범도가 죽었지만, 그의 부인네가 있어. 그래 우리 인자 고린토에 있을 때, 거기 모이는 디 거기 살았지. 그런디 그 양반, 홍범도 부인이 사람들을 모았단 말이야.

2) 고려인을 돌본 여성영웅 김 스탄케비치 알렉산드라

『러시아 한인의 항일 독립운동』에 의하면, 김 스탄케비치 알렉산드라(1885-1918?)는 1885년 2월 22일 우수리스크 있는 시골에서 태어나 우랄 노동조합 지도자로 일하다가 이동휘를 도와 독립을 위해 고려 혁명 조직에서 일하다가 숙청된 여성영웅이다.

그녀가 어렸을 때는 에리네라고 불렸다. 일찍 어머니가 돌아가셨지만, 똑똑하고 여러 언어를 아는 아버지가 혼자 키웠다. 1895년에 아버지가 건축회사에 취직해서 딸을 데리고 만주로 떠나갔다가 거기서 아버지가 돌아가셨다.

김 스탄케비치 알렉산드라

열 살이 된 소녀는 아버지의 친구 스탄케비치 집에서 살았다. 중학교를 졸업하고 학생을 가르치기 시작했다. 자신을 키워준 스탄케비치의 아들을 만나서 결혼했다. 그래서 이름이 김 스탄케비치 알렉산드이라인데 줄여서 김 알렉산드라라고 부른다. 결혼에 실패한 알렉산드라는 남편을 두고 1914년 말에 우랄에서 목재 공급을 준비하는 고려인, 중국인, 러시아인들이 일하는 곳에서 통역가로 일했다. 그때 고려인이든 러시아인이든 같이 일하는 사람들은 김 알렉산드라를 친절하고 착한 사람이라고 말했다.

'우랄노동조합'(우랄 도시에 있었던 노동회) 지도자로서 러시아, 중국, 일본 노동자들이 연설할 때도 지도했다. 고려혁명의 조직에서 많은 일을 했다. 이동휘 같은 독립운동자들 하고 1917년 8월에 사회주의당을 만들기 시작했다. 모스크바에서 있던 공산당 당원의 말로는 1918년 초에 하바로프스크로 와서, 당원 일과 소비에트 일을 하기 시작했는데 거기서 비서 일을 하면서 외무성에서 위원 일도 했다. 이 모든 것들이 다른 사람한테서 신임을 얻었다는 사실을 나타낸다고 했다.

1918년 8월 말에 간섭자와 백러시아 병사 군대가 하바로프스크로 왔는데 '바론 코르브' 기선에 당원 일꾼들이 알렉산드라를 비롯해서 하바로프스크의 위원회 당원의 고문서를 싣고 돌아갔다. 블라고베센스크까지 거의 왔는데 백러시아 병사들이 길을 차단했다. 함장의 머리에 무기를 대면서 기선을 강변에 대라고 협박했다. 포로로 잡힌 사람이 모두 130명이었다. '바론 코르브' 기선을 하바로프스크로 돌려보냈다.

알렉산드라는 18명의 숙청 대상자 명단에 있었다. 숙청 전에 알렉산드라한테 왜 고려인으로서 러시아 전쟁에 참석했냐고 질문을 했다. 그랬더니 러시아 사람들하고 사회주의 혁명을 얻으면 한국도 독립할 수 있을 것이기 때문이라고 말했다. 알렉산드라에게 아들 2명 있는데 베체슬라브와 보리스이다. 하바로프스크의 집 24호에 그녀의 대리석판이 있다.

▌ 김 알렉산드라의 죽음

이 이야기도 김병화 농장의 노인회관에서 김병화 이야기를 들려준 김 니콜라이 벤허노비치에게 들은 이야기이다. 음악책에 대한 다른 분의 이야기를 듣고 있는데 갑자기 책에 있는 내용이라고 하면서 구술하여 준 것이다.

그 전에 하바로프스크, 이미 들었는지 모르겠어, 쌍케시(스탄케비치)라고. 전 남자와 이혼하고, 거기서 아이 둘이 있었어. 그러고 두 번째 고려 사람에게 시집을 갔지. 그런데 일본 사람이 남편을 죽였단 말이여. 김 알렉산드라도 고려 사람인데, 고려 사람으로 그렇게 인정받는 사람 많지 않았오. 인정하는 게, 인물이. "인물이 괜찮았다고요?" 암, 똑똑한 여자지, 똑똑한 여자. 아나슬라 쩌(?) 원동 17년째, 어느 때 저기 자치 후카처럼 일본이 들어왔을 때, 그때 사업이 괜찮았지.

그때 김 알렉산드라가 큰일을 했어, 세크러타(비서) 그리고 김 알렉산드라는 김 스탄케비치라고도 부르지. 남편이 폴란드 사람 스탄케비치여서. 이 사람은 아주 이쁘고, 아주 똑똑한 분이었지. 그리고 이 여자가 바로 여기 원동에서 태어나서 외무부 차관까지 했지. 그리고 비서까지 했지. 그래서 여자 죽일 때, 그 여자 60번을 걸어서 길에 가다 길에서 죽었지. 일본서 그 여자 잡아가고 죽이지 말자 했지. 그러나 여자 잡아가야지. 일본 사람들이 자기네는 안 죽이겠다고 했는데, 조건은 "니가 사과를 해야 된다."고 한 게야. 근데 그 여자는 거부를 해서 그냥 죽였지.

죽일 제 눈 안 가리고. 열세 번 걸어서. 그때 조선 여자가 그래 이랬지. 그 전엔 팔도지만, 그땐 13도이니까 열세 번. 그래 서서 총을 놓으는데 아무르 강가 배에서 그랬데. 댕기는 배 있지 않겠소. 그래 거기서 붙들려 갔지.

헌데 애비는 철로길 그런 데서 일했다. 애비가 철도를 건축허셨던 분이야요. 그래, 거기서 일하고 그랬지. 그라고 그 여자 언니가 그 애기를 다른 사람들한테 전해줬어요.

3) 이등박문을 죽인 안중근

앞에 소개한 김 니콜라이 벤허노비치에게 김일성에 대해서 아는 것이 있는가 하고 물었더니, 안중근에 대해 우리에게 물으면서 구술해 준 것이다.

그러고, 뭐 당신네들 알지? 안정근(안중근)이라고 아오? 안정근이가

고려 사람이. 저 일본 대통령을 거게 또 저격하매, 이등박문을 죽이는
사람이 안정근이야.

안중근

근디 그게 소련 우리 원동 살지. 이 사람들 서이서 떠나지. 그것 일본 이등박문이를 죽인 것.

"뉘기던지 만나면 죽어라."

그렇지. 그런 긴디 하일빈 정거정에서 안정근이 그 사람이 만났다 말이여. 그래서 만나서 쏴서 죽이고. 그 위 가지고 가서 그것,

"조선 독립 만세."

시켰지. 안정근이 연해주에서 살았지. 그래. 딴 두 사람은 어떻게 됐느냐면 못 죽여. 그 두 사람은 못 죽었어. 그래 그 사람들 살았고, 안정근만 죽었지. 근데 그것도 안중근이라고 그랬지. 그 사람이 안정근, 표적지에 조선 사람이니까, 그 사람 사진도 있고, 다 있습니다. 박물관에 있잖소 거기.

제6장
새로운 삶을 찾아서

새로운 삶을 찾아서

고려인들의 삶은 이주와 개척이라는 숙명적 역사로 점철되어 왔다. 고려인들의 이러한 숙명의 역사는 1860년대 초에 조선 북부에서 두만강을 넘어 러시아 연해주로의 이주를 시작으로 1937년에는 중앙아시아로 강제 이주를 당하였다. 2014년은 연해주 이주 150주년을 맞이한 해이기도 하다. 고려인들의 삶은, 이들과 유사한 이주 배경을 가지고 있지만 안정된 집거 지역을 이루고 생활한 중국 조선족의 삶과는 매우 다른 역사를 가지고 있다. 왜냐하면 1860년대 이주 초기부터 끊임없이 지속되어 온 고려인들의 이주와 개척이라는 슬픈 유랑의 역사는 지금까지도 진행 중이기 때문이다.

중앙아시아 고려인 사회는 1953년 스탈린의 죽음과 흐루시초프의 등장으로 큰 전환점을 맞이하게 된다. 학생 및 청년층의 유학이나 계절농업으로 인한 이주 또는 장기 거주가 확대되면서 집단농장인 콜호즈 체제에도 변화가 생겼다. 중앙아시아 고려인들은 중앙아시아를 떠나 과거 소비에트 권역인 유라시아 전역으로 옮기었는데 이러면서 저마다 새로운 고려인 공동체를 형성하여 자신들의 존재를 알렸다.

이주와 개척의 어려운 환경 속에서도 고려인들은 늘 성장과 발전을 지속하여 그런대로 삶의 안정을 누렸다. 그리하여 90년 가까운 세월을 지속해 온 한글판 재외한인 민족신문 『레닌기치』와 80년의 전통을 자랑하는 해외 유일의 민족극장 '고려극장'은 아직도 건재해 있다.『레닌기치』에는 한민족의 언어, 문학, 전통문화 등 다양한 분야에 걸쳐 귀중한 정보가 수록되어 있고, 고려극장은 <심청전>과 <흥부전>, <양반전>, <홍길동전>, <장화홍련전>과 같은 고전과 다양한 민요가 어우러진 공연 활동을 통해 이 지역의 민족예술 계승자로서 그 역할을 잘 감당하여 왔다. 고려인 이주 1세대들의 노력으로 이루어진 이 『레닌기치』 발행과 '고려극장 운동'은 유라시아 지역에 있는 고려인 사회의 전통문화유산들을 잘 유지 발전시켜나가고 있다.

1937년 중앙아시아 지역으로 이주당한 뒤에 다시 1953년 스탈린 체제의 붕괴와 후르시초프의 등장으로 소비에트연방 안에서 이동이 자유로워진 고려인들은 그들 나름대로 안정을 이루며 살고 있었다. 그렇지만 1991년 소비에트연방이 붕괴된 뒤에 경제체제의 혼란과 중앙아시아 내의 특히 우즈베키스탄과 같은 나라의 민족주의 대두나 키르기즈스탄과 타지키스탄 같은 내전의 발발은 고려인들에게도 적지 않은 고통을 주었다. 그리하여 이들은 자신들의 삶의 터전을 버리고 우크라이나(키예프, 크림, 장코이 등)와 러시아(볼고그라드주와 북카프카즈,

사마라주, 로스토프주, 연해주 등) 등지로 또다시 유랑의 길을 떠날 수밖에 없었다. 특히 연해주는 저들이 1937년에 강제로 이주를 당했던 곳이다. 그렇지만 그들이 그 곳을 제2의 고향이라고 여겨서인지 몰라도 재이주를 하여 현재 우스리스크에는 인구 17만 명 중에 2만 5천 명의 고려인이 모여 살고 있다. 그리고 블라디보스토크와 우스리스크에 있는 러시아 대학교에는 한국어학과가 설치 운영되고 있다.

고려인들은 이러한 이주와 개척이라는 고난의 현실 앞에서도 전혀 굴하지 않았다. 그리하여 능력 있는 고려인들은 농업 분야만이 아니라 정계를 비롯한 재계, 법조계, 종교계, 언론, 공연예술 등에서 두각을 나타내며 당당히 그 사회의 중심 계층으로 자리잡아 나갔다. 고려인들의 활약상은 민족주의가 득세하고 있는 우즈베키스탄을 제외한 다른 지역에서 잘 드러났다. 이러한 결과가 있기까지는 소비에트연방의 붕괴를 전후해서 설립되었던 고려인협회나 고려인민족문화자치회 같은 단체가 중심이 되어서 민족언어를 유지하고 전통문화를 부활하며 민족정신을 계승하여 민족의 정체성을 확립해 나가면서 자존감을 잃지 않았기 때문이다. 뿐만 아니라 1994년에는 그동안 탄압받은 민족의 명예와 복권에 관한 법령이 발표됨으로써 고려인의 법적 지위와 과거사 문제가 해결되어서 고려인 사회의 민족적 부흥의 큰 동력이 되었다.

현재에도 우즈베키스탄과 카자흐스탄 등의 중앙아시아와 러시아의 모스크바와 상트페테르부르그, 연해주와 사할린주의 한민족사회를 중심으로 한민족의 민족적 정체성과 전통문화 계승을 위한 노력이 지속되고 있다. 각국의 고려인 사회에서는 한국어와 전통문화를 찾기 위한 노력을 하고 있으며, 소비에트연방 때에 활동했던 '소인예술단'을 부활시켜 전통 민요와 무용 등 전통예술의 맥을 지켜나가려고 노력하고 있다.

저자 소개

김균태

서울대학교 대학원 국어국문학과(문학박사)
(현) 한남대학교 명예교수

대표 저서

『이옥의 문학이론과 작품세계 연구』
『구비문학대계(전남 화순 편)』(공저)
『구비문학대계(전남 장성 편)』(공저)
『부여지방의 구비설화(상·하)』(공저)
『부여효열지』

강현모

한남대 국어국문학과, 한양대 대학원(문학박사)
한남대, 한양대, 용인대, 동국대 강사, 한남대 초빙교수 역임
현 한남대 강사

대표 논문 및 저서

『장수설화 구조와 의미』
『한국설화의 전승양상과 소설적 변용』
『김덕령 서사문학의 전승양상과 교육적 의의』
『한국민속과 문화』
『금산 새내(금내, 금강유역, 버드내) 유역의 구비설화』(공저)
『「홍길동전」의 서사구조와 문화콘텐츠』

우즈베키스탄 고려인의 이주와 삶

초판 1쇄 인쇄 2015년 1월 28일
초판 1쇄 발행 2015년 2월 6일

지은이 김균태 · 강현모
펴낸이 최종숙
책임편집 이태곤
편집 권분옥 이소희 박선주 문선희 오정대
디자인 안혜진 이홍주
마케팅 박태훈 안현진
관리 구본준

펴낸곳 글누림출판사 | 등록 2005년 10월 5일 제303-2005-000038호
주소 서울시 서초구 동광로46길 6-6(반포4동 577-25) 문창빌딩 2층
전화 02-3409-2055(편집부), 2058(영업부) | 팩시밀리 02-3409-2059
홈페이지 http://www.geulnurim.co.kr
이메일 nurim3888@hanmail.net

ISBN 978-89-6327-279-5 03910
정가 20,000원

* 잘못된 책은 교환해 드립니다.

* 이 도서의 국립중앙도서관 출판예정도서목록(CIP)은 서지정보유통지원시스템 홈페이지(http://seoji.nl.go.kr)와 국가자료
  공동목록시스템(http://www.nl.go.kr/kolisnet)에서 이용하실 수 있습니다.(CIP제어번호: CIP2015002433)